サポートグループ・アプローチ
完全マニュアル

解決志向アプローチ＋ピア・サポートで
いじめ・不登校を解決！

八幡睦実・黒沢幸子 著

ほんの森出版

はじめに

　いじめや不登校は、どんな学校でも生じており、どう対処し解決したらいいか、誰もが模索し悩んでいます。いじめをはじめとしたこれら課題に対処するために、ハイブリッドな新機軸の方法があると言ったら、皆さんは信じますか？　怪しいですよね？　そんな方法があるなら誰も苦労しない……。

　でも、あるのです！　相当に効果的な方法があるのです。もちろん解決率100％とは言いませんが、それでも相当に高い解決率が実現できます。

　その特徴を簡潔に言えば、子ども同士の力や強みを主体的に活かすこと、問題や原因に言及しない（誰も責めない）こと、望む未来を扱うこと、先生と子どもが協働して取り組むこと、保護者も尊重されることと言えるでしょう。

　その方法とは、現在、学校現場でその効果の手応えから実践が広がっている2つのアプローチ、「解決志向アプローチ」と「ピア・サポート」（仲間による相互支援）とを合体させたハイブリッド・モデルです。そしてこの方法は「サポートグループ・アプローチ」と名づけられ、2つの方法の画期的な合体により、学校現場で強い威力を発揮しています。子どもたちは生まれながらの解決志向を持っています。問題や原因について、熱心に扱おうとするのは大人のほうなのです。

　さて、本書の構成をお伝えしましょう。

　まず、第1章「1時間でわかるサポートグループ・アプローチ」では、解決志向アプローチとピア・サポート、それぞれについてのエッセンスを簡潔に解説します。次にその両者のハイブリッド・モデルであるサポートグループ・アプローチを解説し、さらにこのアプローチを進めるうえで不可欠な、解決志向アプローチの面談の流れをお伝えします。

　第2章は「サポートグループ・アプローチ　完全マニュアル」です。7＋1のステップの具体的で詳細な解説を行います。「ここがポイント！」を数多く掲載し、海外からの借り物ではない、日本の教育現場の実践に照らした充実した内容です。

　第3章「実践例で学ぶサポートグループ・アプローチ」では、文字どおり現場の実践例を通して、このアプローチの魅力と底力を学んでいただきます。

　巻末には、実践で使ってすぐ役立てられるワークシートも紹介しています。

　Let's サポートグループ・アプローチ！　この方法は小学校・中学校・高校のどの学校種でも使えます。仲間の力を引き出し、子どもも大人も元気になる新たな実践の幕開けです。

2015年5月　　　　　　　　　　　　　　　　　　　　　　　　　　黒沢　幸子

サポートグループ・アプローチ 完全マニュアル
解決志向アプローチ＋ピア・サポートでいじめ・不登校を解決！

contents

はじめに … 3

第1章　1時間でわかるサポートグループ・アプローチ

解決志向アプローチ＋ピア・サポートのハイブリッドがサポートグループ・アプローチ … 8

1　解決志向アプローチ：解決のマスターキー … 9

解決志向アプローチの誕生──問題ではなく、解決！ … 9　　解決志向アプローチの「発想の前提」 … 10　　リソース（解決のかけら）に注目！ … 11　　コンプリメント──リソースを肯定して伝える … 12　　面談の姿勢──本人こそが専門家 … 13

2　ピア・サポート：仲間の力を活かす … 14

ピア・サポートの誕生 … 14　　ピア・サポートとは … 14　　仲間関係の発達とピア・プレッシャー … 15　　グループダイナミクスが持つ力 … 15　　ピア・サポートのトレーニングプログラム … 16　　サポート活動の実際 … 16

3　サポートグループ・アプローチとは … 17

サポートグループ・アプローチの基本的な手法 … 17　　サポートグループ・アプローチの7＋1のステップ … 18　　実践成功の秘訣は … 20　　小学校・中学校・高校、校種を問わず効果が期待できます … 20

4　解決志向アプローチの面談の流れ … 23

問題を聴く … 23　　解決のイメージ（解決像）、ゴールの設定 … 24　　リソース探し、コンプリメント、成功の責任追及 … 25　　例外探し、スケーリング … 25　　フィードバック・メッセージ … 26　　解決志向アプローチの3つのグランド・ルール（中心哲学） … 27

第2章　サポートグループ・アプローチ 完全マニュアル

ステップゼロ　Let's サポートグループ・アプローチ！ … 30

【ゼロ-①】解決志向アプローチ＆ピア・サポートの習得 … 30
【ゼロ-②】その子どもを取り巻く関係者の協力的連携 … 30
【ゼロ-③】主体的実践者は誰でもOK … 30

ステップ1　保護者との面談 … 31

【1-①】リソース探し＆コンプリメント … 31
【1-②】「解決のイメージ」（解決像、未来像）をつくる … 31
【1-③】サポートグループ・アプローチで取り組むことを伝える … 32

ステップ2 サポートを必要とする子どもとの面談（初回）
　　　　　　～サポートグループのメンバーを特定～ …32

【2-①】リソース探し＆コンプリメント …33
【2-②】「解決のイメージ」を一緒につくる …33
【2-③】サポートグループ・アプローチで支援することの了解を得る …35
【2-④】サポートグループのメンバーを決める …35
【2-⑤】次の面談の約束をする …37

ステップ3 サポートグループ会議（初回）
　　　　　　～サポート活動のプランニング～ …37

【3-①】安心できる場をつくる …38
【3-②】サポートグループ・アプローチの説明をする …38
【3-③】1週間でできそうなサポート活動のプランニング …39
【3-④】サポートグループ会議 記録用紙を記入する …42
【3-⑤】次回のサポートグループ会議の約束をする …42

ステップ4 サポートグループによるピア・サポート活動 …42

ステップ5 サポートを必要とする子どもとの面談（2回目以降）
　　　　　　～振り返り～ …43

【5-①】この1週間の対処をコンプリメントする …43
【5-②】現状を確認する …43
【5-③】次の面談の約束をする …44

ステップ6 サポートグループ会議（2回目以降）
　　　　　　～振り返りとシェアリング～ …44

【6-①】この1週間の活動をコンプリメントする …44
【6-②】次の1週間でできそうなサポート活動のプランニング …46
【6-③】サポートグループ会議 記録用紙を記入する …46
【6-④】次回のサポートグループ会議の約束をする …46

ステップ7 サポートの必要性の有無を確認 …46

子どもたちに成長をもたらすアプローチ！ …47

ここがポイント！

サポートを必要とする子どもの保護者への情報提供 …32
子どもの代弁者になってしまう保護者 …32
過去のネガティブな気持ちは話させない …33

子どもが「わからない」と答えたとき … 33
　「スケーリングシート」を使おう … 34
　サポートグループについて … 35
　保護者や担任と共通理解を … 37
　サポートグループ・アプローチの説明のポイント … 39
　アイディアが出ずに黙っている子がいる場合 … 41
　サポートグループのメンバーの保護者の不安 … 41
　ピア・サポート活動が何もできなかった子への対応 … 45

第3章　実践例で学ぶサポートグループ・アプローチ

1　いじめ　加害者との関係修復が望みだったハナエの事例 … 52

2　不登校　修学旅行をきっかけに再登校した長期不登校のケンイチの事例 … 64

3　発達障害　発達障害の二次障害で集団に適応できなかったアキコの事例 … 74

4　小学校編　保健室登校から教室復帰したタイチの事例 … 81

より深刻ないじめや不登校などの問題への対応は … 85

巻末　サポートグループ・アプローチ ワークシート集

サポートを必要とする子どもとの面談（初回）記録用紙 … 86
サポートグループ会議 記録用紙 … 87
ピア・サポートプラン … 88
サポートを必要とする子どもとの面談（2回目以降）記録用紙 … 89
サポートグループ・アプローチ　振り返り … 90
スケーリング・クエスチョン … 91
エナジーチャート … 92

参考文献 … 93

おわりに … 94

第1章

1時間でわかるサポートグループ・アプローチ

解決志向アプローチ ＋ ピア・サポートのハイブリッドが
サポートグループ・アプローチ

　「サポートグループ・アプローチ」は、イギリスのスー・ヤング（Young, S. 1998、2001、2007、2009）の実践を基本的なモデルとしています。いじめ予防プログラムとして、英国政府のガイダンスに組み込まれています。いじめが原因の不登校の小学生に対する実践で、50事例のうち47事例（94％）はいじめがなくなり、そのうち40事例（80％）ではすぐに効果があったと報告される、非常に優れた実践方法です。

　日本においても実践者が増えつつあり、小学校でのいじめや不登校への対応、中学校以上の複雑な人間関係が絡むいじめや不登校、発達障害のある子への対応など、幅広く適応できる方法として実践されています。

　ところで、サポートグループ・アプローチという言葉は耳慣れないかもしれませんが、「解決志向アプローチ」や「ピア・サポート」という言葉は、日本でもかなり知られており、すでに実践に取り入れている方も多いでしょう。

　サポートグループ・アプローチを一言で説明するなら、「ピア・サポートと解決志向アプローチが合体したもの」、あるいは「解決志向アプローチの考え方や技法をベースに展開されるピア・サポート」ということができます。つまり、学校場面でのさまざまな援助活動に有効とされる、解決志向アプローチとピア・サポートのハイブリッド・モデルなのです！

　この章では「１時間でわかる」と銘打って、サポートグループ・アプローチについて簡潔に解説していきます。まず、解決志向アプローチとピア・サポートについて超特急でそのエッセンスをお伝えします。

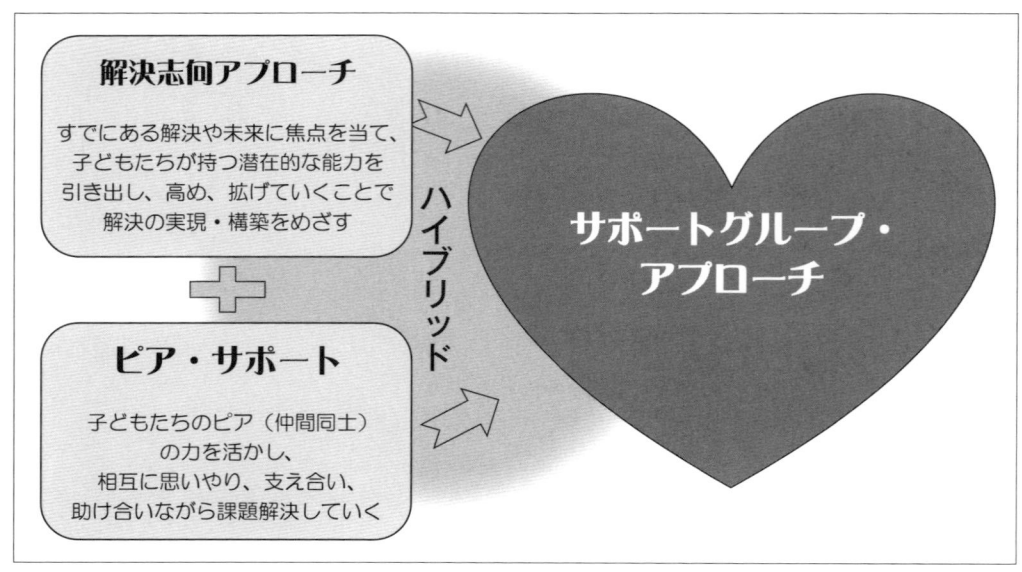

1 解決志向アプローチ：解決のマスターキー

解決志向アプローチの誕生——問題ではなく、解決！

不登校になった子どもを抱えた保護者や担任の先生は、
「今までの子育ての仕方に、何か問題があったのだろうか？」
「指導方法に問題があったのかもしれない……」
「どうしてこうなってしまったんだろう？」
と自分を責め、苦しみ、「問題」や「原因」を追求してしまいがちです。反対に、苦しくて他の人を責めてしまうこともあります。

しかし、問題の背景には多くの要因が複雑に絡み合っていることがめずらしくない。いくら問題を分析し、原因を究明しても、問題の解決に役立たないこともある。また、仮に問題を特定できたとしても、それに有効な対応方法が見つかるとは限らない。あらあら「問題」や「原因」の追求は徒労に終わりそうです。

ところで、「どうなったらいいの？」。本来、誰もが手に入れたいのは「解決」、つまり望んでいる未来の姿のはずです。まず誰もが望むのは、安全で安心な学校で、楽しく幸せに過ごしている子どもの姿でしょう。

この「解決」の状態をダイレクトにめざすのが「解決志向アプローチ（Solution Focused Approach：SFA）」です。問題や原因に焦点を当てるのではなく、「解決」に焦点を当てるほうが、早く「解決」（良い状態）が実現することが、見いだされたのです。

解決志向アプローチは、アメリカのインスー・キム・バーグとスティーブ・ド・シェイザーによって1980年代後半ごろから提唱された、ブリーフセラピー（短期療法）といわれる心理療法の一種です。「解決志向ブリーフセラピー（SFBT）」「ソリューション・ビルディング・アプローチ（SBA）；解決構築アプローチ）」と呼ばれたり、単に「ソリューション」「解決志向」と略して呼ばれたりします。解決志向アプローチは、実は何千時間もの面接のビデオ記録を検討し、良い変化がより早く持続的に生じた成功要因を抽出した結果、開発されたモデルです。このように机上の理論ではなく、徹底した実践主義に裏打ちされたモデルであるため、現場で役立つというわけなのです。そして、このモデルは、「問題」の錠前に一つひとつ合う鍵を必要とするのではなく（今まではそう思われていたから問題に焦点を当て、原因探しを

していたのですね)、「解決」を手に入れるためのマスターキー（合鍵）として機能するものです。

　「解決」を手に入れるマスターキーとは、問題よりも人々の肯定的な側面に焦点を当て、そうなりたい自分（解決像）を実現させていく、シンプルな未来志向の方法です。マイナスの影響や人を傷つけることが少ない安全性の高さが特徴です。そのため誰でも取り組みやすく、広範囲に適用でき、対象も特に選びません。困難や障害を抱えている人に対しても、健康でより良くなりたい人に対しても、個人に対しても、集団や組織に対しても、適用可能です。

　このようなマスターキーは、学校場面でもとても役立つに違いありませんね。

解決志向アプローチの「発想の前提」

　それでは「プラス志向で、なりたい自分（解決像）を実現させていく」、つまり「解決をダイレクトにめざす」ためにはどうしたらいいでしょうか。

　解決志向アプローチには、「発想の前提」が大きく３つあります。前提ですから議論の余地なし！　マスターキーとは、まずこのように発想することです。この発想こそが「解決」の実現に役立つものなのです。

```
＜その１＞「変化」について
　・変化は絶えず起こっており、必然である
　・小さな変化は、大きな変化を生み出す
＜その２＞「解決」について
　・「解決」について知るほうが、問題や原因を把握するより有用である
＜その３＞「リソース」について
　・人（子ども）は、自身の解決のためのリソース（資源・資質）を持
　　っており、自身の解決の「専門家」である
```

　まず、変化は絶えず起こっていると意識しておくことが大切です。自然にしていれば変化は起き、変化を起こすために大きな力はいりません。ただし、変化はちゃんと意識していないと、見落としてしまいます。そして、小さな変化を起こすことが大切なのです。省エネが大きな効果を生むのです！

　２つ目は、ずばり「解決志向アプローチ」の名のとおり、解決について知るように志向することです。

　例えば、「どうなったらいいの？」と解決像や未来像を本人に問い、具体的にイメージしてもらいます。問題や原因が何かがわからなくても、どうなりたいのかという解決像や未来像がわかれば、そこに向けて進んでいけるのです。逆に言うと、完成図のない家づくりはできませんし、メニューが決まらなければ料理もできません。行き先が決まらなければ、船出もできません。

完成図やメニュー、そして行き先が、解決像や未来像です。
　3つ目はリソースです。要するに、料理や家づくりの材料です。材料がなければ、完成図もメニューも、絵に描いた餅ですよね。

リソース（解決のかけら）に注目！

　リソースとは資源・資質です。そこにあるものがリソースです（そこにないものはリソースにはなりません）。
　リソースは、内的リソースと外的リソースに分けられます。
　内的リソースは本人にまつわるもの、例えば、本人の長所、能力、興味・関心、特技、希望、容姿、持ち味、売り（セールスポイント）、過去の成功体験、うまくいっているところなどです。外的リソースは本人の外側にあるもの、例えば、家族、友だち、先生、学校行事、部活、宝物、ペット、外部専門機関などです。
　リソースは「解決のかけら」とも呼ばれ、「解決構築（ソリューション・ビルディング）」（良い状態をこれからつくっていく）のために役立つものすべてを指します。例えば、短所だと思われた性格だって活かし方を工夫すれば長所に変わります（ゴミだって資源に生まれ変わります）。
　短所も長所ももとは1つ。問題行動も、その行為の善悪とは別に、さまざまな能力があったから可能だったと考えればリソースになる。「問題そのものもリソース」と、柔軟な発想で考えるのです。

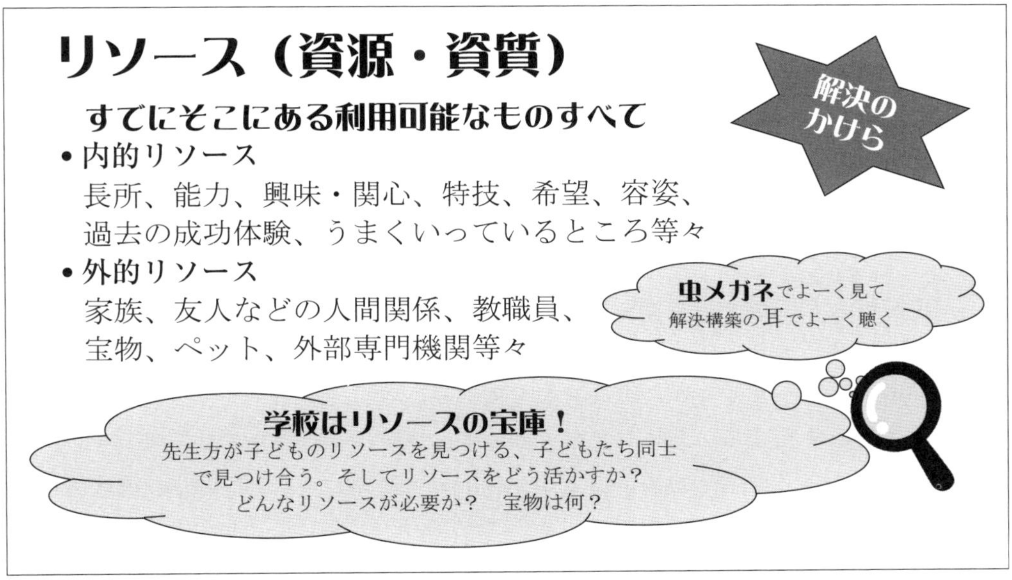

リソース（資源・資質）
すでにそこにある利用可能なものすべて
- 内的リソース
  長所、能力、興味・関心、特技、希望、容姿、過去の成功体験、うまくいっているところ等々
- 外的リソース
  家族、友人などの人間関係、教職員、宝物、ペット、外部専門機関等々

解決のかけら

虫メガネでよーく見て
解決構築の耳でよーく聴く

学校はリソースの宝庫！
先生方が子どものリソースを見つける、子どもたち同士で見つけ合う。そしてリソースをどう活かすか？
どんなリソースが必要か？　宝物は何？

　困難な状況の中には、問題や原因に混じってリソースもたくさん存在します。次ページの図のように、リソースに焦点を当てていけば、問題は小さくなって、とけていきます。問題に焦点を当てていけば、リソースはつぶれて

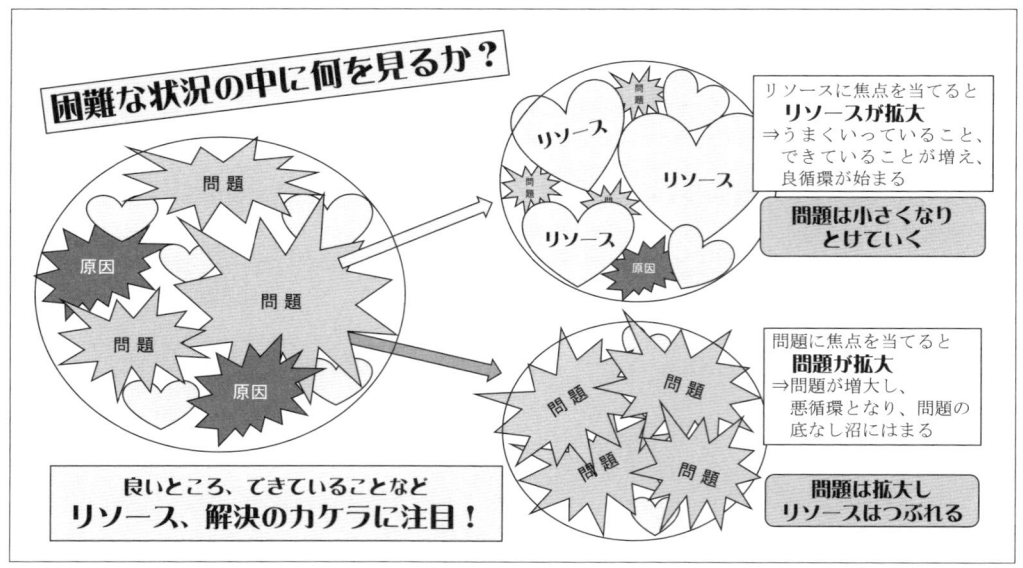

解決から遠ざかってしまいます。

　解決志向アプローチは、リソース中心主義のアプローチとも言い換えられます。「何はなくとも、リソース」「はじめにリソースありき」と考えましょう。そして、学校はリソースの宝庫なのです！

コンプリメント――リソースを肯定して伝える

　リソースは、それが自分にあると知り、それを「なりたい自分／望む未来／解決の姿」に向けて役立てられるようにならなければ、潜在したままになってしまいます。宝の持ち腐れなんてもったいない。そこで、「リソースに注目して、それを肯定的にフィードバックすること」がとても大切です。つまり「ほめる、ねぎらう、称賛するといった肯定的な注目や言葉かけ、サインを送ること」です。これを解決志向アプローチではコンプリメントと呼びます。大事なキーワードの１つです。

　学校においても、家庭においても、「失敗の責任追及」が日常的に行われています。解決志向アプローチでは、「成功の責任追及」をしていきます。「どうやってうまくやったのか？」を明らかにし、その責任を本人に返して、またそれを行えるようにしていくのです。成功の責任追及によって見いだされてくる何らかの対処法、本人なりの工夫・努力、役に立つ信念・考え方・経験、周囲からの協力などは、まさにリソースです。それらを本人が繰り返してやれるようにコンプリメントしていきます。問題と格闘するよりも、すでにできていることをもっとやることのほうが、解決への近道です。

　「リソースを探して、コンプリメント！」を合い言葉にしませんか。

面談の姿勢──本人こそが専門家

　　発想の前提の＜その３＞の「自身の解決の『専門家』である」という部分が、解決志向アプローチの面談の基本的な姿勢となります。
　ほかの誰でもない本人こそが、自分にとって何が良いことか、うまくいっていることか、よく知っています。つまり、本人が必ず解決のリソースを持っているのです。
　いじめや不登校などの問題が起きたとき、私たちはついつい本人を度外視し、大人が決めたゴールに向かって解決しようと一生懸命に取り組んでしまいがちです。しかし、本人の解決のゴールを勝手に決めてしまうのは、本来は間違っているのです。
　例えば、不登校の子であれば「早く学校に行けるようになることがゴール」と私たちは勝手に決めて対応してしまいがちです。でも、それはその子自身から出てきたゴールではありません。その子はどうなりたいのでしょうか？　大人になったとき、どんな自分になっていることを望んでいるのでしょうか？　まずは本人の解決像です。例えば、その子がうさぎを飼っていて、「動物が大好きだから獣医さんになれたら…夢だけど…」と言うなら、なんて素敵なリソース！　その解決像を大切にして、どうしていくのがよさそうか、「例えば、明日は？」と、さらに具体的で小さな一歩を本人から教えてもらっていくわけです。引っ込み思案で、ずっと家の中でうさぎと過ごしていて学校に行かないというその子の「問題」として現れるその部分こそが、重要な「解決のかけら」になるわけです。
　その子ども自身の中にリソースがあり、その子ども自身が自分の未来を生きていく方法を知っている専門家なのだと尊重し、信じる。この姿勢こそ、解決志向アプローチのベースとなる姿勢です。
　「本人こそが専門家」を前提に、私たちは「何も知らない」ことを自覚して、Not Knowingの姿勢（知らない姿勢）で面談を進めていきます。本人が持っている解決のイメージや解決のためのリソースを、私たちは相手から教えてもらう「ワン・ダウンポジション（一段下がった立場）」で謙虚に耳を傾けるのです。

　　　　　　　　　　　　＊　　　　　　　　　＊

　解決志向アプローチには、子どもや保護者とかかわるときに役立つ考え方や技法がたくさんあります。それらは「④　解決志向アプローチの面談の流れ」でもう少し詳しく紹介します。

2 ピア・サポート：仲間の力を活かす

ピア・サポートの誕生

　子どもたちは、何か個人的な問題が起こって困ったとき、誰に相談することが多いでしょうか。学級担任の先生？　自分の親？　養護教諭や教育相談係の先生？　それとも、友だちでしょうか？

　例えば、いじめの調査（森田洋司ら、1999）で見てみますと、誰にも言わないが33.8％、保護者が29.1％、学級担任が23.4％、きょうだい8.4％、教科担任4.5％、養護教諭3.9％、生徒指導2.1％、学年主任2.0％、校長・教頭1.0％……ですが、友だちは45.3％です。

　そうです、「友だちに相談することが最も多い」のです。

　ちなみに上記の調査では、「いじめを止めてほしい人」についても尋ねていますが、そこでも友だちが59.9％と断トツでトップです（2番目は学級担任の29.5％、保護者は12.9％）。

　ピア・サポートは、この「友だちに相談することが最も多い」という事実に基づいて開発された仲間（友だち）同士の相互支援です。学校場面などでのピア・サポートは1970年代にカナダで生まれ、今では世界中で実践されています。日本でも1990年代後半からカナダのトレバー・コール博士らの実践を中心に広がり始めました。2002年には日本ピア・サポート学会の前身である日本ピア・サポート研究会が設立されています。

ピア・サポートとは

　ピア（Peer）とは「仲間」を意味しています。それは学校の同学年の子どもたちだけを指すわけではなく、職場の同僚や、海外から移住してきた人同士、災害の被災者同士もピアです。

　サポート（Support）とは、「支援」することを意味しています。専門家による援助＝救援（Rescue）とは異なり、「誰もが自分の問題を解決する力を持っている」と信じ、その課題解決能力や潜在的な力を引き出し拡げていくためのかかわりです。

　ピア・サポートは、仲間をよりよくサポートする活動ができるように、事前に必要なスキルや他者を思いやることの大切さなどを「練習（トレーニ

グ）」します。そして、「計画（プランニング）」を立て、「サポート活動」を行い、「振り返り」をしながら活動を進めていきます。ピア・サポートは、子どもたち同士の支え合いを通して人間関係能力を育成し、思いやりの心を育て、安心で温かな学校環境を醸成することをねらいとした教育活動です。

仲間関係の発達とピア・プレッシャー

　子どもたちは、「三度の飯より仲間が大事」「仲間関係が何より気になる」……そんな年ごろです。子どもたちにとっては、大人の言うことよりも仲間からの言葉や評判のほうがはるかに重大な意味を持ちます。自分らしさを模索し、親からの自立の準備を整えていく過程で、同世代の仲間たちはかけがえのない拠り所であり、時には命綱でもあります。

　子どもたちの仲間関係は、それぞれの時期を経験し、成長とともに発達して自立に向かいます。典型的には、小学生ごろがギャング・グループ（徒党を組み、行動を共にする同性同輩集団）、中学生ごろがチャム・グループ（話題や秘密を共有し、同質を求める同性同輩集団）、高校生以降がピア・グループ（違いを認め合える自立的な異性異年齢混合集団）の時期とされます。

　特にチャム・グループを生きる子どもたちは、仲間との同質性を強く求め合うために生じるピア・プレッシャーによって異質性が排除され、ノー（嫌）と言えない状況に陥りがちになります。これがいじめの温床となる場合が少なくないのです。

　ピア・プレッシャーは「赤信号、みんなで渡れば怖くない」の心性であり、非行などの背景要因としても指摘されています。しかし、ピア・プレッシャーは子どもたちの心理的発達過程で必要な仲間関係と裏表を成すものであり、一概に悪者視できません。

グループダイナミクスが持つ力

　であれば、子どもたちのピア・プレッシャーを有効利用しましょう！　そうです、グループダイナミクスが持つ力を活かすのです。
　グループダイナミクスは、例えば次のような特性があります。
①個々の態度は属するグループに左右されるため、個人の行動変容には、個人に直接介入するよりグループの風土を変えるほうが容易である。
②どんなグループもある程度メンバーに同一性を求めるため、グループのまとまりが強いほど、個々のメンバーに及ぼす影響力が大きくなる。
③自分のグループで何かを決定すると、グループ外で勝手に決定されたことよりも、メンバーたちははるかにしっかり守ろうとする。
　だからピア・サポートのほうが、大人が個々の子どもに何かしようと躍起

になるより、子どもにとって大きな影響力を持つのです。さらに、1人ではできなくても3人以上のグループになったときに強力な力が発揮され、学級などの子ども集団への波及効果が絶大なものになりえるのです。

ピア・サポートのトレーニングプログラム

　ピア・サポートのトレーニングプログラムは、グループダイナミクスを積極的に利用する体験演習が中心になり、それらは他のグループ・アプローチとかなり共通しています。しかし、ピア・サポートは、その後に行われる「実際のサポート活動を重視している」ため、他者を支援するための基本的なスキルと意欲の育成に焦点が当てられています。課題解決スキルや対立解消スキルなどを含む、ピア・サポートならではのプログラムとなっていると言えるでしょう。

　実際の活動を経験すること、その中で子どもが成長していけるようにプログラムされているところが、他のグループ・アプローチとの相違点です。

サポート活動の実際

　サポーターが一人ひとり自分の活動のプランニングをし、サポート活動を実践する。ピア・サポートの活動では、この点がとても重要なのです。

　具体的な活動としては、異学年交流を活用したオリエンテーリングや遠足、授業の中や放課後学習などでの学習サポート（教え合いや学び合い）、児童会・生徒会・専門委員会活動での挨拶運動や仲間への声かけ運動、友だちづくりのサポート、対立解消のためのピア・メディエーション（仲間による調停）、部活動間での助け合い活動（部活動の部長を対象にサポーターとなる訓練を行ったうえで）などです。

　大学では、カウンセリングの研修を通して青年期の課題に仲間とともに取り組んだり、学生の欠席や退学者の増加という課題に対して「困り感」を軽減し、適応を促進するようなサポート活動が実施されています。また、大学生が地域の小中学校で子どもたちをサポートし、さらに学生同士で支え合うピア・サポート活動もあります。

　このように仲間支援を中心に、さまざまな場面を活用してピア・サポート活動が展開されています。

　　　　　　　　　　　　　＊　　　　　　　　＊

　解決志向アプローチとピア・サポートについて、そのエッセンスを理解していただけたことと思います。それでは、サポートグループ・アプローチの解説に入っていきましょう。ここからが、メインステージです！

3 サポートグループ・アプローチとは

サポートグループ・アプローチの基本的な手法

　いじめや不登校などが起こったとき、どのような指導がされるでしょうか。加害者やその関係者に事実確認し、問題や原因を追求し、注意・叱責などの強い指導をして、被害者に対して謝罪させて終わる──このような指導が多いのではないでしょうか。

　サポートグループ・アプローチでは、まったく異なった対応となります。いじめや不登校などの「問題」や「原因」についてはふれません。何が起きたのか、いつ、誰が、どこで何をしたのかなどについての詳細は、一切聞かずに対応していきます。

　それでは何に焦点を当てるかというと、子どもたちに内在する「解決」や「未来」（どうなりたいか、どうなっていればよいかなど）です。そして、子どもたちが潜在的に持っているリソースを引き出し、使えるように拡げていくことで、解決の実現・構築をめざす「解決志向アプローチ」の考え方を原点に、そのスキルを使っていきます。

　また、支援を必要としている子どもが再び笑顔で学級の仲間たちと楽しく

いじめ不登校などへの対応

よくある介入方法 ⇔	サポートグループ・アプローチ
・問題志向による大人の介入 ・加害者と関係者に対し事実確認 ・注意、叱責等の強い直接的な指導 ・被害者に対しての謝罪	・解決志向による子どもたちの介入 　（大人は一歩後ろからリード（指導）、アシスト（支援）） ・対立構造とは見ない ・誰も責めないアプローチ ・ピア（仲間同士）の力を最大限に活かす
↓	↓
・教師との対立・抵抗を生む ・表面的にいじめは沈静化するが、水面下での陰湿ないじめが継続される場合が多く、根本解決にならない	子どもたちの自己成長　→　発達促進的な「学校の風土」づくりに貢献

☆連携、協働、継続的　☆気づきの場をつくる

幸せに過ごせることを願い、教師やその関係者たちの指導、援助のもとに、子どもたちのピア（仲間同士）の力を活かしていきます。仲間を互いに思いやり、支え合いながら子どもたち自身の力で課題を解決していく「ピア・サポート」で、支援を必要としている子どもをサポートしていくのです。

すでに同じような方法で取り組んでいる方もいらっしゃるでしょう。そのような方にとっては、このサポートグループ・アプローチは、そのコツやステップの進め方を少し整理するだけで、学校現場に容易に取り入れられるでしょう。そして、今まで以上の成果や手応えをきっと感じられると思います。

サポートグループ・アプローチの7＋1のステップ

下図をご覧ください。詳しくは第2章で解説しますが、サポートグループ・アプローチは基本的に以下の7＋1のステップで実践していきます。

7＋1もステップがあると大変……と感じるかもしれませんが、一つひとつのステップの内容には、なじみのある方も多いと思います。繰り返しになりますが、解決志向アプローチをベースに、ピアの力を活かしながら取り組んでいくと、驚くような効果があるのです。

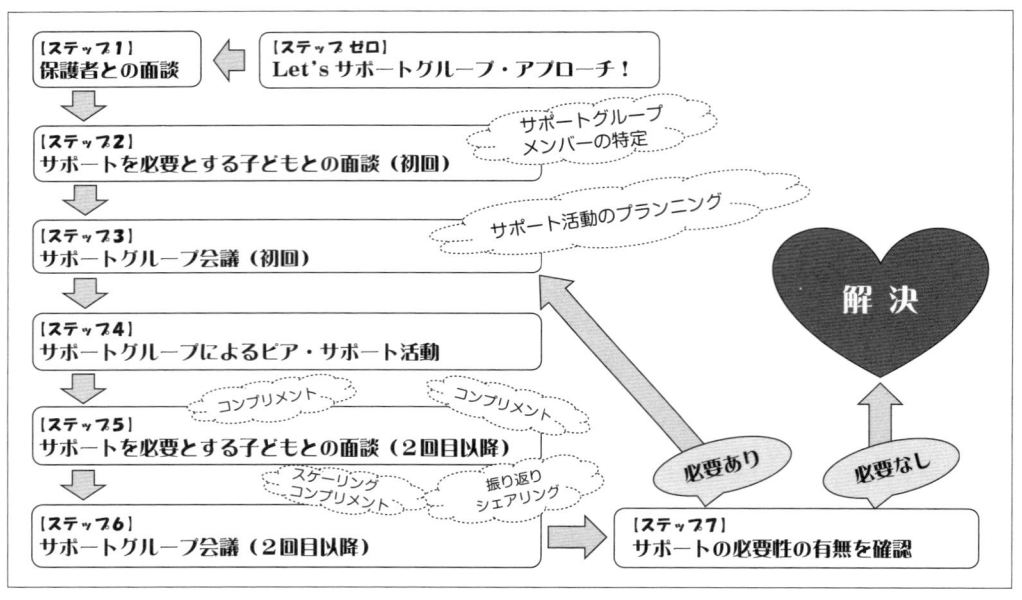

【ステップ ゼロ】Let's サポートグループ・アプローチ！

サポートグループ・アプローチを行っていく中心となる人を、この本では「主体的実践者」と呼んでおきます。主体的実践者は、例えば担任、養護教諭、相談員、スクールカウンセラーなど、誰でもOKです。

サポートグループ・アプローチの実践を進めるための前提条件は、主体的

実践者が解決志向アプローチとピア・サポートの考え方やスキルを学び、習得しておくことです（両方を学んでないからできないとあきらめないでください。まずは本書でしっかり学べば始められます。本書はそのためのものなのですから）。

そして、次のステップに進む前に、サポートを必要とする子どもを取り巻く関係者と連携を図り、サポートグループ・アプローチで取り組むことを共通理解しておきます。

【ステップ1】保護者との面談

いじめや不登校などの問題で連絡や相談を受けたら、サポートを必要とする子どもの保護者と会い、解決志向アプローチで面談を進めます。そして、子ども本人が望むメンバーでサポートグループを結成して、サポートしていくことを伝えます。

【ステップ2】サポートを必要とする子どもとの面談（初回）

サポートを必要とする子どもと解決志向アプローチで面談を進めます。ラポールが形成されたら、サポートグループ・アプローチの説明をし、この方法で支援することの了解を得ます。サポートグループのメンバーは、サポートを必要とする子どもと相談して、一緒に決めていきます。

【ステップ3】サポートグループ会議（初回）

おもに放課後の時間を使って、サポートグループのメンバーに教室や相談室、保健室などに集まってもらい、サポートグループ会議を開きます。サポートを必要とする子どもは同席しません。どんなサポートが1週間でできそうか、個人やグループでのピア・サポートのプランニングをします。ここでの考え方や会議の進行、子どもたちとの会話は、解決志向アプローチを基本としたうえで、ピア・サポート活動のプログラムを参考にします。

【ステップ4】サポートグループによるピア・サポート活動

子どもたちはサポートグループとしてピア・サポート活動を実行します。教師たち大人は、解決志向アプローチの手法でその活動をサポートしていきます。

【ステップ5】サポートを必要とする子どもとの面談（2回目以降）

サポートを必要とする子どもと、1週間の振り返りの面談をします。この1週間に起きた「楽しかったこと」「うれしかったこと」「今より少しはましだったこと」「プチハッピーと思ったこと」などを聴きます。

【ステップ6】サポートグループ会議（2回目以降）

　2回目以降のサポートグループ会議のやり方は、基本的に【ステップ3】の初回と同様です。ただし、1週間前にプランニングしたサポート活動と、この1週間で実際に実行できたこととは比較しません。子どもたちが行ったサポート活動の努力を聴きながら、それをねぎらい、承認し、コンプリメントします。まだサポートが必要と判断されたら、次の1週間のピア・サポートのプランニングをします。

【ステップ7】サポートの必要性の有無を確認

　【ステップ5】や【ステップ6】で、サポートを必要とする子どもはもちろんのこと、保護者やサポートグループのメンバー、そして主体的実践者や担任など、誰もが「もう大丈夫」と確認できたらグループは解散し、活動は終了です。

実践成功の秘訣は

　サポートグループ・アプローチは、サポートを必要としている子ども自身が望む未来のために、本人が望むメンバーでサポートグループを結成し、私たち大人は一歩後ろからリード、アシストし、みんなで解決に向かって行動していくものです。

　先ほど解決志向アプローチの発想の前提＜その3＞で紹介したとおり、子どもたちが主体者であり、「解決の専門家である」と考えます。子どもたちに加え、教職員、スクールカウンセラー、保護者など多くの関係者が相互にリソースを活かし合っていくのです。

　誰かを悪者に仕立て上げたりすることを避け、お互いの持っている力や肯定的な側面に焦点を当て、柔軟な姿勢で協力し合い、シンプルに、そしてシステマティックに実践を継続していくことが成功の秘訣となります。

小学校・中学校・高校、校種を問わず効果が期待できます

　個々の事例がさまざまに異なっても、サポートグループ・アプローチのシンプルなステップをシステマティックに展開していくことが基本であり王道です。つまり、サポートグループ・アプローチは、いじめや不登校などの個々の問題（錠）に対して、マスターキーと同様の働きをするわけです。ですから、小学校、中学校、そして高校でも校種を問わず効果が期待できます。

小学校に打って付け

　そもそもサポートグループ・アプローチは、スー・ヤングが小学校での実

践によって開発し、何十事例もの成功を重ね、多くの実践者たちの成果も得て、その効果を確信したものです。小学校での実践はお墨付きですね。

小学生年齢の子どもは、学校で先生や大人の手伝いをしたいと思う気持ちが強く、「あなたたちに手伝ってもらいたいことがある」「あなたたちを見込んで集まってもらった」「あなたたちならできる」といった大人から子どもへの信頼に基づく依頼に対して、積極的に応え素直に力になろうとしてくれる傾向があります。先生からほめられることを純粋に喜び、先生から信頼され責任を与えられることをとても誇りに思うのです。

また、仲間関係がギャング・グループの時期でもありますから、ギャングではなくサポーターとして、仲間たちとともに行動し達成感が得られる体験は、その子どもたちの発達にも大きく貢献します。小学校低学年であっても、「友達と仲良くなる」「学校が楽しい」などといった解決像を、それぞれが持っています。また、サポートを必要とする子どもと話すときに、「仲良しの子」「これから仲良くしたい子」「ちょっとやりにくい子」といった表現を使えば、誰をサポートグループのメンバーにするかの相談もうまくいくでしょう。さらに校長先生や教頭先生がほめて認めてくれるようなことが、大きな喜びと励みになるのも小学生です。

そして、サポートグループ・アプローチは保護者への連絡・報告を密に行い、保護者が安心感を得られることもその特徴です。いじめ等の問題に保護者の心配や関与が大きくなっている小学校において、保護者に納得してもらいやすいものです。保護者の安心と落ちつきが、子どもに良い影響を与えます。

サポートグループ・アプローチは、小学校で取り組みやすく、迅速な効果が期待でき、小学校に打って付けです。Let's トライ！

中学校こそ波及効果の醍醐味！

本書がサポートグループ・アプローチの威力を余すところなくお伝えするのは、中学校での実践です。これは第2章の実践のポイントや第3章の詳しい事例紹介からよくおわかりいただけることと思います。

中学生は、仲間関係において同質を求め合い、ピア・プレッシャーが強く働くチャム・グループの時期です。本章のピア・サポートの解説部分でも触れましたが、いじめの温床ともなりうるピア・プレッシャーを排除・敵視するのではなく、中学生年齢の子どもたちの何よりのリソースととらえるのです。そして、それを有効に活かして子どもたちの力を引き出し、成長につながる体験活動となるのが、サポートグループ・アプローチです。サポートグループにおけるピア・プレッシャーが働く方向は、いじめの観衆や傍観者になる方向ではなく、いじめられている子どもをサポートする方向なのです。

どのような要因があれば、「傍観者」の反応が良い方向に促進されるのかに

ついての社会心理学の研究があります（Brewer & Grano, 1994；Deaux et al, 1993；Baron et al, 1992；in Young, 1998）。そこでは傍観者が援助の必要性を認識し、支援することに同意し、責任が付与されて特定の役割が与えられていることが挙げられています。また、自分の提案がグループに受け入れられることが重要であり、自分が成功したグループの一員であることが自尊心を高めるということも見いだされています。

これらはすべてサポートグループのメンバーに当てはまる要因です。ここからもサポートグループ・アプローチがよく機能して成功する理由がわかりますね。チャム・グループ真っ盛りの中学生にとってサポートグループ・アプローチの実践は、その仲間関係の発達段階にもっともフィットした支援であり、グループに留まらずクラスや学校にまで波及する可能性のあるダイナミックなものなのです。サポートグループ・アプローチがもっとも威力を発揮し、その醍醐味が味わえるのが中学校での実践だともいえるでしょう。

高校も仲間が大切

高校生では、仲間関係の発達はピア・グループの段階に入り、お互いの違いを受け入れ尊重し合える自立した関係になります。そうであればなおさら、お互いの力を活かし合い、サポートを必要とする子どもにサポートグループでアプローチするのは有益です。高校生の場合、主体的実践者の役割はより軽いものとなり、メンバーの主体性を極力活かして見守るようなスタンスになりえるでしょう。高校生であれば、サポートグループ・アプローチの基本を押さえれば、応用的にもっと対外的な活動にもつなげられると思います。

一方、昨今、チャム・グループの仲間関係が遷延化しており、高校生といえども、まだまだ中学生心性と変わらず、チャム・グループの時期にあることが少なくないことも見いだされています。それなら、中学生へのこのアプローチの意義と同様に、その実践が奨励されます。

ですから、いずれにしても高校生にも、Let's チャレンジ！

＊　　　　　　　　＊

さて、本書を読み始めて1時間たってしまったでしょうか。まだ、もう少し、お時間をいただけますか。

次節「4　解決志向アプローチの面談の流れ」も必読です！

4 解決志向アプローチの面談の流れ

　ここでは、解決志向アプローチの面談がどのような流れで行われるのかを見ていきます。下図が流れの概要です。サポートグループ・アプローチでの面談やサポート会議は、この流れを意識して取り組んでいくことになります。

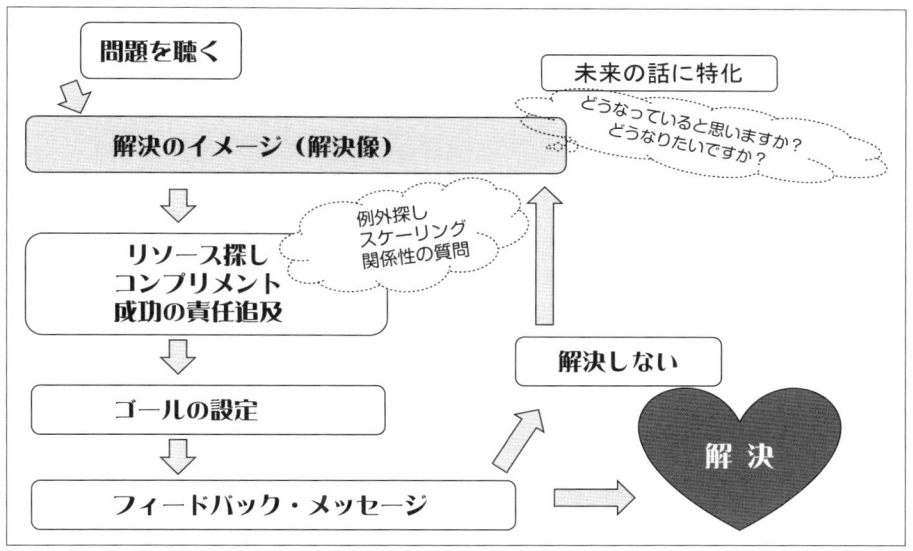

問題を聴く

　さて、それでは面談の流れに沿って解説していきます。
　面談のはじめは、まずは相手との信頼関係をつくることがポイントです。相談室や保健室などで面談する場合には、リラックスできるＢＧＭや穏やかなアロマの香りなどの力を借りるのも効果的でしょう。カフェで親しい友人とたくさんおしゃべりできる時間のイメージです。「よく来てくれましたね」という気持ちを伝えることも忘れずにしておきたいことです。
　「問題」について相手が話している間は、傾聴します。こちらの思考の枠組みでアドバイスや意見などしません。そして、表情、声のトーン、うなずき、姿勢や仕草など、非言語的なことにも留意して、「聴いてもらっている」と相手に伝わるように聴きます。

ときどき、相手の言葉やトピックを拾ってそれについて質問したり、それまでの話を要約して確認したりします。自分が解釈した言葉でではなく、相手が使った言葉を活かして、曲げずに伝え返します。
　ここで質問する際のねらいは、原因や問題を掘り下げずに、大きな虫メガネを使ってリソース（解決のかけら）を探し出すことです。「問題耳」や「原因耳」ではなく「解決構築の耳」でしっかり聴き、リソース探しに全力を尽くします。コンプリメントも忘れずに！

解決のイメージ（解決像）、ゴールの設定

　過去の話は必要最小限にとどめて、未来の方向に視線を向けて、望む未来はどうなっているのか「解決のイメージ（解決像）」を詳しく聴きます。「ゴールの設定」の話を同時にするとわかりやすいので、2つ一緒に解説します。
　例をあげましょう。中学校で不登校の子どもに「20歳のあなたはどうなっている？」と聞くとします。「う…ん。大学に行っているかもしれません」と答えたとします。このように、解決像は、漠然とした夢のようなイメージでもいいのです。そして、「明日はどうする？」「う…ん。散歩しようかな？」というのがゴールになります。「ゴール」は、未来の「解決像」に関連して現在の状態に引きつけた具体的な行動です。
　解決像を引き出すためには、「今はこうなんですね。それが未来ではどうなっていればいいでしょうか？」とか「この問題が解決したら、未来ではどうなっていると思いますか？」などと質問します。
　ゴールを引き出すためには、「解決したら何がどう違っていればいいと思いますか？」とか「今の状態が少しずつ良くなっているとしたら、どんなことが変わればいいでしょうか？」「もし、そうなったら、あなたは今と違うどんなことをしていますか？　そうすると？」「それから？」「ほかには？」などと質問します。
　解決像にあげる夢は大きくていいのですが、ゴールは現実的で具体的かつ肯定的で、可能な限り本人自身が行動できることを考えてもらいます。
　また、例えば「リストカットをやめる」と否定形ではなく、「家族や友だちと一緒にいる時間を増やす」など、肯定形になるゴールをめざします。何かが「なくなる」のではなく、「その代わりに何をしているか」を質問します。
　ゴールを決めるのは私たちではありません。私たち大人は、本人が確実に実現できるゴールを設定するためのお手伝いをすることに徹します。
　ゴールを達成してどんどん成功体験を積んでもらい、自信をつけてもらうことをめざします。そして、最終的に解決像へと向かいます（結果的に解決の状態が手に入ります）。

> **良いゴールの3条件**
> ・大きなものではなく、小さなもの
> ・抽象的なものではなく、具体的な行動で表現できるもの
> ・否定形（〜がなくなる、〜をやめる）ではなく、肯定形（〜をする、〜を始める）で表現できる行動

リソース探し、コンプリメント、成功の責任追及

　リソースを探すためには、次のような質問が有効です。
　「あなたの問題が解決するために、これまでどんなことをしてきましたか？　それはどんなふうに役に立ちましたか？」
　できるだけ詳しく聴いて、解決に役立ちそうなリソースを探します。
　リソースを見つけたら、頑張ってきたことや工夫や努力をコンプリメントします。例えば「なるほど、それはすごいですね！」「素晴らしい」などなど。さらに、「それはどんなふうに役に立ちましたか？」「何が良かったのでしょう？」「ほかには？」などの質問で、成功の責任追及をしていきます。本人を励ましながら解決に向かう、ソリューショントークをしていくのです。

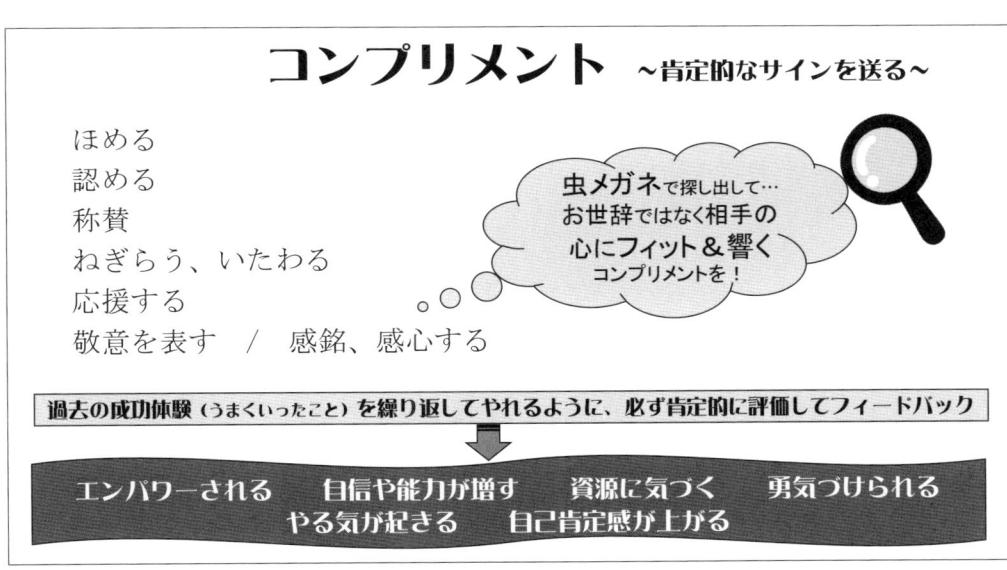

例外探し、スケーリング

　解決志向アプローチの技法の中でとても使い勝手のいいものを2つ紹介し

ます。どちらも解決像の構築やリソース探しに役立ちます。

まず「例外探し」から。

問題の渦中にあって「何もかもうまくいっていない……最低最悪」という場合でも、数週間を振り返ると、問題に悩まされずに多少は良かったとか、問題があまり生じなかった状態が存在することに気づくものです。それを「例外」と呼びます。そして、「例外は解決の一部が現れている状態」と考えます。この例外を拡大して、解決を構築していくことができます。

例外探しのためには、例えば「そのこと（問題）が起こりそうで起きなかったり、少し良かったときはありますか？」「これまでにお話しされたそのことがほとんどなかったり、それに近いことはありませんでしたか？」などのように質問します。

次に「スケーリング」です。

自分の置かれている状況、意欲や見通しなどを、例えば「1」から「10」までの数字に置き換えて評価してもらう質問技法を「スケーリング・クエスチョン」と言います。数値の大きさよりも、数値の差異や変動を扱っていきます。

91〜92ページのスケーリング・クエスチョンのワークシートをご覧ください。このシートに答えてもらう形で進めるといいでしょう。

ワークシートの質問文にもあるように、その数字の内訳を教えてもらったり、数字が1つ上がった場合をイメージしてもらうことを通して、すでにある小さな変化やリソースを見つけたり、解決像に向けてゴールを具体的に検討していくことができるのです。「今、困っていることが解決したらどうなっているか」などの解決像、未来像は、時に流動的で変化するものです。解決への到達度を、スケーリングを使って本人と一緒に絶えず評価していくのも良い方法です。

また、本人だけではなく、まわりの人（保護者、友だち、教師など）の視点からはどう見えるのか、どう答えてくれるのかといった「関係性の質問」も役に立ちます。スケーリングであれば、「お母さんならどの数字だと言うでしょうか？」「数字が1つ上がったら、友だちはどんな違いに気づくでしょうか？」といった具合です。子どもたちは他者の目が気になる年頃です。スケーリングに限らず、「関係性の質問」を駆使することは、自分を客観的に見つめ、リソースや解決像、ゴールを知ることに有益です。

フィードバック・メッセージ

面談の最後に肯定的なメッセージを伝えます。それは、必ずコンプリメントから始めます。面談で話されたことの中から、解決への手がかりになりそうなリソース、例外、本人自身が努力していることなどの有益な部分を整理

して、強調してフィードバックします。そうすることで、本人は何をもっと行えばいいかがわかり、解決に向けて一歩を踏み出すことができるのです。相手が使った言葉を活かすことがポイントです。

解決志向アプローチの3つのグランド・ルール（中心哲学）

　最後に解決志向アプローチの基本的な考え方や方向性を示した、3つのルールについて紹介します。この3つのルールは、どのような場合にも当てはまるので、今やっていることに行き詰まったとき、どうしたらいいかわからなくなったときに立ち返る原則です。

> ルール1：うまくいっているなら、変えようとするな
> ルール2：一度でもうまくいったなら、またそれをせよ
> ルール3：うまくいかないなら、何か違うことをせよ

　例えば保護者から、「『勉強しなさい』って何度言っても、まったく勉強しないんです。それどころか反抗的な口をきいて、プイッて家を出て行ってしまって……。もうあきらめてしばらく放っておいたら、部屋で隠れるように机に向かっているんですよ。だから『あとで困るんだから、遅れている分、もっと勉強しなさい』って言ったら、また出歩くようになってしまって……。どうしたらいいでしょう？」というような相談を受けることがあります。
　この例では、「勉強しない（うまくいっていない）から、しばらく放っておいた（やり方を変えた）ら（ルール3）、「机に向かっていた」わけです。ここで、「ルール2：一度でもうまくいったなら、またそれをせよ」を意識し、さらに「ルール1：うまくいっているなら、変えようとするな」へと進んでいけば、子どもの自主性を尊重して様子を見る（しばらく放っておく）ことで、良い方向に流れを変えられたと思います。
　しかし実際は、「あとで困るんだから、遅れている分、もっと勉強しなさい」と、うまくいっているのにルール3を使ってしまいました。
　なにより「うまくいっていること」にまず気づくことが大切です。私たちは「うまくいっていないこと」に目が行ってしまいがちですが、解決志向アプローチを学ぶ中で「うまくいっていること」に目を向ける習慣をつけ、このグランド・ルールを100％活用しましょう！
　そして、何かうまくいっていないことがあるとき、「何か違うこと」、つまりさまざまな方法を柔軟にやってみます。ルール3→ルール2→ルール1と進めば、かかわりのメソッドやモデルとして定着することにつながります。

第2章

サポートグループ・アプローチ
完全マニュアル

第2章では、サポートグループ・アプローチの実際の進め方と留意点を具体的に説明していきます。
　サポートグループ・アプローチの実際の進め方は、原則的に次ページの図の【ステップ ゼロ】から【ステップ7】に従って行います。その際、保護者や子どもとの個人面談は、第1章で解説した解決志向アプローチの面談スキルを使うことがポイントです。

ステップ ゼロ
Let's サポートグループ・アプローチ！

【ゼロ-①】解決志向アプローチ&ピア・サポートの習得
　サポートグループ・アプローチの主体的実践者となる人は、第1章で紹介した解決志向アプローチとピア・サポートの考え方やスキルを学び、習得しておくと、スムーズに実践を進めることができます。

【ゼロ-②】その子どもを取り巻く関係者の協力的連携
　サポートを必要とする子どもが見いだされたら、保護者や担任、管理職をはじめ、より多くの学校関係者がチームで協力的に連携し、「サポートを必要とする子どもがどうなればいいのか」のゴールや情報を共有します。そして、サポートグループ・アプローチで取り組むことを共通理解します。「Let's サポートグループ・アプローチ！」です。
　ケースによっては、外部の専門機関などとの連携も必要になってくるでしょう。

【ゼロ-③】主体的実践者は誰でもOK
　主体的実践者となってサポートグループ・アプローチを進める人が学級担任ですと、担任自身の判断で、今すぐにでも取り組みをスタートすることができます。また、担任でなくても学校関係者（管理職、学年主任、養護教諭、スクールカウンセラーなど）なら誰でも、相談を受けたそのときから、取り組みをスタートさせることが可能です。主体的実践者が誰であるかによって、支援を必要とする子どもやサポートグループの活動の成否に大きな影響を与えることはありません。
　ただし、担任以外が主体的実践者となる場合、少なくとも担任との間で、サポートグループ・アプローチで取り組むことを共通理解する必要があります。そして、最も有効な実践方法は、担任を中心として、養護教諭やスクールカウンセラーなど、より多くの学校関係者を巻き込んだチームで進めるこ

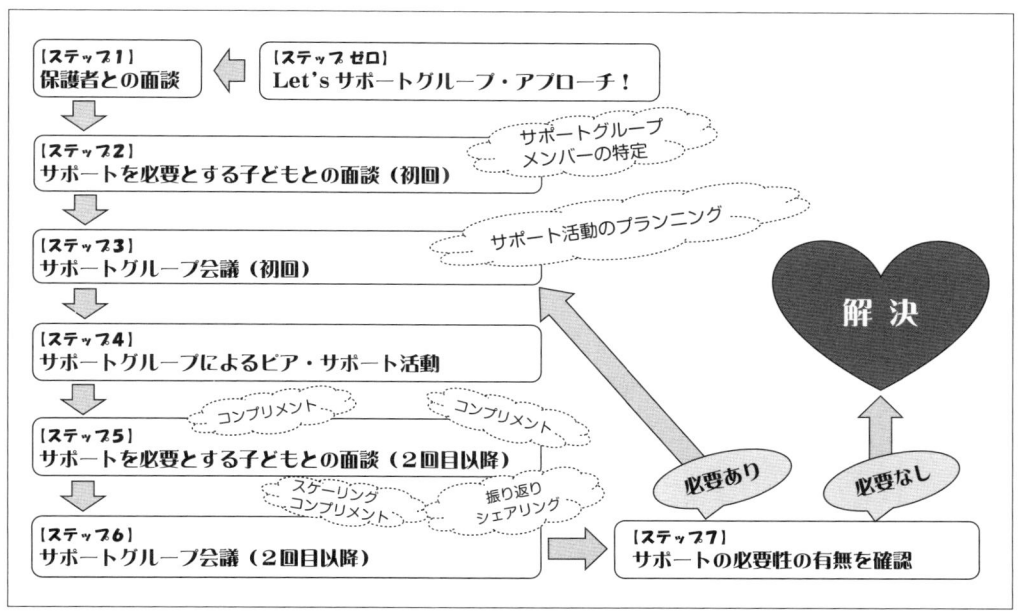

とです。関係者のリソースが発揮され、すぐにでも解決への変化をもたらすことができるでしょう。

保護者との面談

　いじめや不登校などの問題で連絡や相談を受け、サポートグループ・アプローチで取り組むことになったら、主体的実践者は適した場所（学校、家庭など）で、サポートを必要とする子どもの保護者と会い、解決志向アプローチで面談を進めます。

【1-①】リソース探し&コンプリメント
　保護者との面談では、問題の原因探しは一切しません。まずは保護者の心を受け止め、心の傷つきに配慮しながら、今までの苦労や頑張りをねぎらい、リソースを探してフィードバックし、控えめなコンプリメントでラポール形成をしていきます。

【1-②】「解決のイメージ」（解決像、未来像）をつくる
　問題の原因を追求し、それに対応することで解決する（問題解決）のではなく、「解決構築の耳」で保護者の話を傾聴し、保護者が望む「解決のイメージ」（解決像、未来像）を一緒につくっていきます。

【1-③】サポートグループ・アプローチで取り組むことを伝える

保護者に、サポートを必要とする子ども本人が望む子どもたちでサポートグループを結成して、サポートしていくことを伝え、了解を得ます。

> **ここがポイント！**
> **サポートを必要とする子どもの保護者への情報提供**
>
> 保護者の多くは、自分の子どもの状況を大変心配しとても悩んでいます。そのような保護者の心境に配慮し、子どもの状況の変化を把握してもらい安心していただくことが大切です。そのためには、子どもの最新の状況についての情報を保護者に定期的にお知らせすることを、面談のはじめに伝えておきます。知らせ方は、サポートグループ・アプローチを進めている主体的実践者が直接報告する場合や、担任の先生からの場合もあるでしょう。
>
> うまくいき始めると情報提供の間が長く空いてしまうこともしばしばありますが、保護者が「もう自分の子どもについて心配がなくなったから、情報は必要ないです」と判断するまでは、丁寧に、慎重に、伝え続けることが重要です。

ステップ2
サポートを必要とする子どもとの面談（初回）
～サポートグループのメンバーを特定～

サポートを必要とする子どもとの面談も、解決志向アプローチで進めます（86ページ「サポートを必要とする子どもとの面談（初回）記録用紙」参照）。面談する場所は、状況に応じて学校や家庭訪問先の自宅となります。

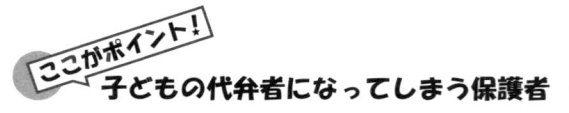

> **ここがポイント！**
> **子どもの代弁者になってしまう保護者**
>
> 面談では保護者も同席した三者面談になることも多くあります。そのようなときは、保護者が子どもの代弁者になってしまうケースも少なくありません。
>
> 子どもが話しやすいような配慮として、子どもに質問する前に「お子さんにうかがってもいいですか？」「お子さんに答えていただきたいのですが、よろしいですか？」などと保護者に伝えてから子どもに聞いていきます。

【2-①】リソース探し&コンプリメント

　はじめに、その子が毎日楽しいと思っていることや得意なことなどを聞きます。テレビやアニメ、アイドルユニットなどの雑談から始めるといいでしょう。和やかで親和性が高まるような話題で共感しながら、その子どものリソースを探します。そしてリソースへの肯定的なコメントを送り、コンプリメントをしながらラポール形成をしていきます。

ここがポイント！　過去のネガティブな気持ちは話させない

　友だち関係のもつれやいじめが原因で不登校になっている子どもの場合、心の傷が深いことが少なくありません。そのため、そのときどんな気持ちだったかを話させることは、再度トラウマとなってしまったり、自信を失わせ自己肯定感を下げてしまうなどのデメリットを伴います。過去のネガティブな気持ちを話させることは、そのネガティブな感情を強めてしまうおそれもあります。
　ですから、原因や問題の経過などについては一切聞くことはしないし、話さなくてもよいことを本人に伝えます。

ここがポイント！　子どもが「わからない」と答えたとき

　ネガティブになっている子どもは「わからない」「考えたくない」と答えることも少なくありません。そんなときには無理をさせず、「わからないんだね……」「無理しなくていいから」と、肯定的に確認しておくとよいでしょう。
　面談で何よりも大切なことは、「この人は私の味方」「この人は大丈夫」と思ってもらい、安心感と安全感を持ってもらうことです。子どもの得意なことや頑張っているところ、持っている力を具体的にコンプリメントし、その子どもを大切に思い、理解しようとしていることを伝えましょう。

【2-②】「解決のイメージ」を一緒につくる

　サポートを必要とする子どもに、「今、困っていることが解決したら、どうなっているか」「それが実現したら、今と何がどのように違っているか」などの、問題がない状態について詳しく聞き、「解決のイメージ」（解決像、未来像）を描いてもらいます。
　困っている本人が困らなくなるためには、本人が求めていないネガティブで嫌なことより、本人が望むことに集中したほうがより効果が期待できま

す。本人こそが「自分自身の人生の専門家」であり、誰よりも、どうしたら問題が解決するのかについて必要なリソースや解決のかけらすべてを持っているのです。私たちは、いかに子どもの中にある解決のイメージや必要なリソースを引き出すお手伝いができるか、そこがポイントとなります。

「スケーリングシート」を使おう

子どもは、自分の考えや望んでいることなどを他の人に説明するために十分な言語スキルを持ちあわせていないことが多いものです。「今、困っていることが解決したら、どうなっているか」という「解決のイメージ」を本人から引き出すときに使える、とても素晴らしい道具がスケーリング・クエスチョンです。特に、スケーリング・クエスチョンをワークシート化した「スケーリングシート」（91〜92ページに大きなものを収録）を使うと、多少不慣れでも「解決のイメージ」を引き出しやすくなります。

「スケーリングシート」は、どんな場面でも使えます。時に流動的で変化していく解決への到達度を、本人と一緒にたえず評価していくといいでしょう。

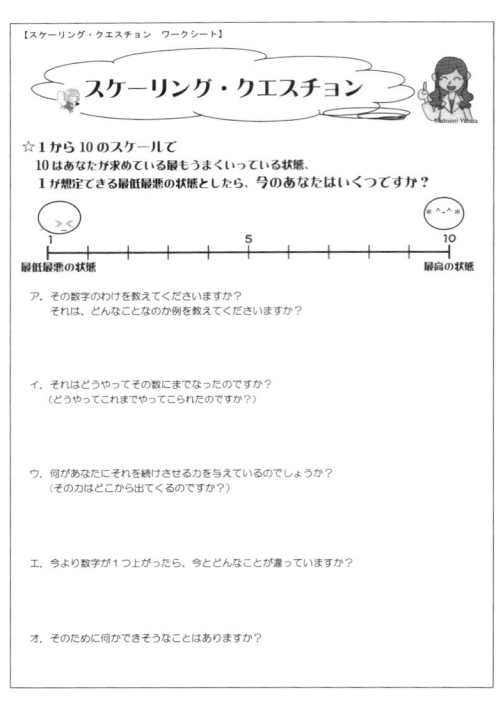

【2-③】サポートグループ・アプローチで支援することの了解を得る

　サポートを必要とする子どもに、サポートグループ・アプローチの説明をし、この方法で支援することの了解を得ます。

　特に中学生以上だと、子どもによっては自分の問題解決に他の人がかかわることに同意しない場合もあります。あくまでも本人の意思や望みを尊重して慎重に進めます。

【2-④】サポートグループのメンバーを決める

　サポートグループのメンバーは、サポートを必要とする子どもと相談して、一緒に決めていきます。不登校が長期化しているケースでは、クラス替えなどで誰が一緒のクラスなのかわからない場合もあります。その子がクラスの仲間をイメージしやすいように、クラスや学年の氏名の一覧表を一緒に見ながら、次のような質問をするといいでしょう。

- 「付き合うのが難しくて、苦手だなあ…と思っている人は誰か教えてくれる？」
- 「その苦手で、緊張する難しい場面でまわりにいた人たちは誰と誰だった？」
- 「お友だちは誰か教えてくれる？」

　本人を取り巻く人間関係が悪化していたり不登校が長期化していたりすると、「友だち」が1人もいないこともあります。そのようなときには、「これから、仲良くしたいと思う人は誰かな？」「この人なら少しはお話しすることができると思える人は誰かな？」などと聞いていきます。

　そして、名前があがった人に対して、「なぜその人なの？」「その人でなければだめなの？」などと理由や詳細を聞いたり、コメントを加えたりすることは控えます。いじめているかどうかを聞くことは、絶対にしません。

　あくまでも、本人が名前をあげた子どもたちの中から、本人と相談して、5～8人のメンバーを一緒に決めていきます。

ここがポイント！　サポートグループについて

サポートグループのメンバー構成

　サポートグループは、サポートを必要としている子どもが話しやすい子だけでなく、付き合うのが難しく苦手だと思う子、嫌な状況のときにまわりにいる2～3人、その子の友だちまたはこれから友だちになりたい、なれそうな子も含めて構成します。サポートグループは、サポートを必要としている子どもの「近くにいる子どもたち」がメンバーになるのです。

　人数は、おおよそ5～8人を基本に構成します。最低でも5人の構成をめ

ざします（ケースによっては5人を下回ってしまうことがあるかもしれませんが）。そうすることでサポートグループの中で違ったアイディアがたくさん出てきますし、責任を分散することができます。そして、サポートが必要な子どものそばに、いつもサポートグループの誰かが一緒にいてくれる可能性が高まります。また、9人以上になると、サポート会議の進行が少し遅くなったり、1人当たりの貢献度の意義が薄まったり、騒々しくなりすぎたりしますので、8人までを基本とします。

担任以外が主体的実践者の場合、担任から「学級に素晴らしい子がいるので、その子をメンバーにしたい」「この子は絶対おすすめの子だから、この子を入れてください」などと言われることもあります。そんなときは「本人が誰にサポートをしてもらいたいと望んでいるかが重要なので、本人に聞いてみませんか？」と提案します。担任が主体的実践者の場合、自身がそのような傾向になりがちですので、留意が必要です。

あくまでもサポートを必要とする本人の意思や希望を尊重し、本人が名前をあげた子どもたちの中から決めていくということが重要です。

どんなふうにサポートグループ会議に誘うか

サポートグループ会議への誘いは、朝や帰りのホームルームや休み時間などに、主体的実践者が伝えやすい場面で行います。「ちょっと相談したいことがあるから集まって」とか、「〇〇さんのことで相談があるから集まって」などと、サポートを必要とする子どもやクラスの状況によって、呼びかけ方はさまざまです。「○日の○曜日、放課後にサポート会議をしたいので教室（相談室など）に残ってもらえますか？」などと、メモ程度に書いたお手紙などを渡してもいいでしょう。主体的実践者が担任以外の場合、担任と連携をとりながら、担任を通して子どもたちに連絡するのもいい方法です。

メンバーには集まってもらった時点でサポートグループ・アプローチの説明をしますので、このときには詳しい説明はいりません。

ほとんどの子どもたちは、誘いに積極的に応えてくれます。しかし、まれに断ってくる子どももいます。そのようなときは本人の意思を尊重し、サポートグループに入るように無理強いしたり、お願いなどしたりすることは決してしません。また、「どうしてあの子が声かけられたの？」などというまわりの子どもたちの怪訝な反応もあるでしょう。でも、実際にサポート活動が始まると、どの子どもたちも意外とすんなり受け入れるものです。

いじめの加害者をメンバーに誘う場合

サポートを必要する子どもにメンバーを指名してもらうので、時にはいじめの加害者をサポートグループのメンバーに誘うことがあります。そんなとき指名された加害者の子どもは、「どうせ先生は、私があの子をいじめたと思っているんでしょ？」と構えてしまうこともあります。

そのような構えが感じられたときは、しっかりその憶測を否定し、中立的あるいは肯定的な評価をしていることをその子どもに伝え、「集まってもらったのは、犯人探しや悪者を特定するためではなく、サポートを必要とする子やその保護者、私たちが、あなたの力を必要としているからだ」ということを伝えます。
　　つまり、加害者と被害者という対立構造でとらえず、傍観者やその他の子どもたちも含め、全体の人間関係を自分たちの課題としてとらえていくのです。いじめの加害者だった子どもも、「自分のやっていることが、誰かを困らせているかもしれない」ということに注意が向いていきます。表面的な解決ではなく、自分たちで根本的に自己解決していけるように、子ども同士の「仲間の力」を最大限に使っていきます。

【2-⑤】次の面談の約束をする

　最後に、1週間後にまた会って話をするときまでの間に、「楽しかったこと」「うれしかったこと」「今より少しはましだったこと」「プチハッピーと思ったこと」など、どんな小さなことでもいいからメモをして、教えてほしいと伝え、終了します。「あなたの状況は、必ず良い方向に動き出すからね」「あなたが望む状況に必ず変化していくよ」「あなたは、あなたらしく素敵に成長しますよ」という前提で話をします。
　ケースが深刻な場合は、面談のサイクルの周期を早めてもかまいません。

ここがポイント！　保護者や担任と共通理解を

　面談が終わったら、保護者や担任（主体的実践者が担任でない場合）にサポートを必要とする子の状況を報告し、共通理解に努めることが大切です。

ステップ3

サポートグループ会議（初回）
～サポート活動のプランニング～

　サポートグループのメンバーには、おもに放課後の時間を使って、教室や相談室、保健室などに集まってもらい、サポートグループ会議を開きます。主体的実践者が担任でない場合は、担任の先生にも同席してもらえると、より早く大きな効果を得ることができます。サポートを必要とする子どもは同

席しません。

　サポートグループ会議では、困っている友だちのためにグループのメンバーはどんなサポートができるか、メンバーそれぞれのプランのもとに主体的に仲間と力を合わせて解決していけるように動機づけを図っていきます。

　会議の時間は人数や状況にもよりますが、中学生以上なら40分前後（小学生ならもっと短い時間）を目安とします。

　ここでの考え方や会議の進行、子どもたちとの会話は、解決志向アプローチを基本としたピア・サポート活動のプログラムを参考にします。教師たちは、子どもたちが仲間支援の力を最大限に活かせるよう一歩後ろからリード、アシストしていきます。

【3-①】安心できる場をつくる

　まず最初に、「いろいろやりたいこと、やらなければいけないことがたくさんあるのに、ここにみんなが集まってくれたこと、とってもうれしいです」などと、みんなが集まってくれたことに対し、心からの感謝の気持ちを伝えます。

　次に、初めて会って話をする子どもや、呼び集められたことに不安や心配を抱えている子どももいるかもしれないので、ここ数日間にあったプチハッピーなことやマイブームなどを添えて自己紹介してもらったりします。和やかで温かな雰囲気が少しできてきたら、さらにアニメやゲームなどの遊びやみんなの得意なことについて話す時間をとり、安心して話ができる場の雰囲気をつくります。

【3-②】サポートグループ・アプローチの説明をする

　安心して話せる場の雰囲気がつくれたら、サポートグループ・アプローチの説明をします。

　例えば、次のような説明になるでしょう。

　「今日、みんなに集まってもらったのは、みんなに手伝ってもらいたいことがあるからなの。〇〇さんがここのところ学校を休んでいるのは知っているよね？　〇〇さんは学校に来て、またみんなと毎日楽しく過ごせることを望んでいるの」

　「〇〇さんに笑顔と幸せが再び戻ってくるために、私だけではなく、〇〇さんや〇〇さんのお母さんも、みんなの力が必要だと思っています。集まってくれたみんなには素晴らしいアイディアがあるだけでなく、友だちをサポートする心や力が備わっていると思っています！」

　「みんなが力を貸してくれたら、きっとうまくいくと私は思っているのだけど、みんなはどう思う？」

> **ここがポイント！ サポートグループ・アプローチの説明のポイント**
>
> 　サポートグループのメンバーに、サポートグループ・アプローチについて説明する際には、以下のことを伝えます。
> ・クラスの友だちの○○さんが、学校でアンハッピーだと思っている（元気がない）こと。
> ・その友だちが今よりハッピー（元気）になるために、みんなの力や助けを必要としていること。
> ・みんなは、友だちを助ける力やアイディアや方法、行動力などをたくさん持っているからグループのメンバーに選ばれたこと。
> ・サポートグループは、困っている友だちが学校でハッピー（元気）に過ごせるように、みんなで協力して助けることをゴールとすること。
> ・サポートグループに名前をつけてもいいでしょう。

　サポートを必要とする子を取り巻くさまざまな出来事について、子どもたちが「あの子が学校に来ない理由は何？」と原因を聞いてきたり、「僕たち、何があったか知っているよ！　教えてあげるよ」と話したがったりすることもあります。

　この場合、出来事に対してどんな判断もせず、あくまでも中立の立場で、例えば「いじめ」という言葉は一切使わずに進めることが重要です。ただし、子どもたちがどうしても話したがり、聞いてほしがる場合は、原因や出来事のネガティブな部分を深く掘り下げないように注意しながら聞いてもいいでしょう。なぜなら、あくまでも子どもが解決の主体者、専門家だと考えるからです。いじめ問題であれば、加害者と被害者という対立構造で事態を見ずに、傍観者も含めた子どもたちの関係の中で起こっている出来事だと認識してアプローチします。

　アンハッピーで元気をなくしている子どもが、どうしたら笑顔を取り戻し元気になれるのかに焦点を当てるのです。困っている子が持っているリソースをよりよく発揮できるよう、サポートグループのメンバーが協力・協働します。主体的実践者は、メンバーたちがうまくサポートできるよう働きかけます。

【3-③】1週間でできそうなサポート活動のプランニング

　「サポートを必要とする友だちに対して、この1週間でできそうなサポートのアイディアを、どんな小さなことでもいいので出してもらえますか？」

と問いかけたり、88ページの「ピア・サポートプラン」のワークシートを使って考えてもらったりするといいです。活動のプランニングは、個人でできるものでも、グループで取り組むものでも、どちらでもOKです。

　ケースによって、すぐにアイディアが出てくることもあれば、沈黙が続くこともあります。しかし、たいていは、誰か1人がどんなことでも1つアイディアを出してくれると、こちらが黙っていても次々にさまざまなアイディアが出されます。

・「みんなが待っていることを伝えたい」
・「電話してみる」
・「手紙を書いて届ける」
・「教室で宝探しをする」
・「学校の帰りに家に寄ってみる」
・「家でネコを飼っているから、『家にネコを見にこない』って誘ってみる」

　子どもたちの自主性に任せ、出された提案の一つひとつを丁寧に受け止め、認めて聴いていきます。

　「なるほど、それはいいね」「あなたならできるよ」「きっとうまくいきそうね」などとコンプリメントしながら、提案してくれた子どもの名前とアイディアを、子どもたちが言った言葉どおりに繰り返し伝え返します。このとき、子どもたちに見えるようにメモをとっていくと、自分たちの提案が大いに認められていることが伝わります。

　さらに、「ほかにはどんな方法がある？」「ほかには？」と質問し、具体的な方法をどんどん引き出し、「それはいつできそう？」と問いかけ、実際に実行できるように支えていきます。

　教師たちの役割は、サポートを必要とする友だちを心配する気持ちや他者を支援しようとする意欲・行動を肯定し、もっと行えるようにすることです。教師たちの側から、サポートを必要とする子と仲良くしてあげてほしいと頼んだり、行動に責任を課したり、約束させるなどの強要はしません。

　教師たちのアシストがうまくいくと、サポートグループのメンバーたちは自主的に、困っている友だちに笑顔と幸せが戻ってくるために力になろうとモチベーションを上げ、たくさんのアイディアを出してくれます。ですから、こちらから子どもたちにお願いしたり、約束をすることなどは、一切必要がないのです。

ここがポイント！ アイディアが出ずに黙っている子がいる場合

　何もアイディアを提案せず黙っている子には、無理に発言を促さずにみんなのアイディアを聞いてもらい、最後に「ほかの人と一緒に何かするのはどう？」「あとで思いついたらサポートプランに書いて、どうやって実行するか考えてみてはどう？」などと聞いてみます。そうすることでアイディアが思いつかなかったことに後ろめたさなどを持たせずにすむでしょう。

ここがポイント！ サポートグループのメンバーの保護者の不安

　自分の子どもがサポートグループのメンバーに指名されると、「うちの子が問題に巻き込まれるのでは」「友だちを助けている場合ではない」と、とても不安に感じる保護者も出てきます。

　特に小学校では、いじめなどの問題の情報は、保護者から出されることが多いものです。わが子が学校でいじめられているのではないか、自分の子どもも問題に巻き込まれるのではないかと思えば、親として心配したり、神経をとがらせたりしてしまうのは当然のことだと思います。

　保護者の心配や懸念をしっかり受け止め、ポジティブな協力関係を構築することが、問題解決へのリソースとなることは言うまでもありません。保護者は、困っている子どもたちが幸せになるためのたくさんの貴重な情報を持っています。保護者をどうとらえるかによって、解決を見いだすのは容易にもなるし、困難にもなるということです。

　学校が保護者の心配や懸念に真剣に向き合うとともに安心してもらえるようにするには、不必要にネガティブな表現や言葉で詳細を説明することは極力避けるように心がけます（問題を隠してしまうということではありません）。

　それよりも、子どもたちが学級でお互いに思いやっている姿や、困っている友だちを支え助けるための子どもたちの援助的で優しい言動や、協働する子どもたちの様子などを、詳細に、具体的に保護者に伝えることが大切です。学級や学校が効果的な取り組みを一生懸命していることが保護者に伝われば、保護者との間に必ずポジティブな協力関係が生まれます。

　問題を一番間近に見ている子どもたちや保護者が持っているリソースを使い、ポジティブに連携・協力して解決していけたなら、関係者全員に利益をもたらし、必ずより良い効果を生むでしょう。

【3-④】サポートグループ会議 記録用紙を記入する

　一通りアイディアの提案が終わったところで、サポートグループのメンバーの名前とサポートプランを、子どもたちの言葉でそのまま繰り返し伝え返し、要約して「サポートグループ会議 記録用紙」に記録していきます（87ページ参照）。この記録は、子どもたちが自分で言ったことを視覚で確認することになるので、子どもたちにも見えるように記録していくといいです。

　例えば、「タクマさんは休日に遊びに誘ってくれるのね？」「カイさんは帰りに家に寄って話してくれるのね？」「アツミさんはアオイさんと一緒に電話で学校の様子を伝えてくれるのね？」「ショウタさんは社会のノートを見せにいってくれるのね？」「ユウヤさんは、教室で宝探しゲームを企画してくれるのね？」などと言いながら記録します。

【3-⑤】次回のサポートグループ会議の約束をする

　最後に、「みんな、よくこんなにいろいろなサポートプランのアイディアを出してくれましたね。きっと、〇〇さんは喜んでくれるね。なんだか私もワクワク、とっても楽しみになってきました！　みんながどんなふうに働きかけてくれたのか知りたいので、1週間後にまた集まってもらえますか？」と言い、1週間後のサポートグループ会議の日程と場所を伝え、再び集まってもらう約束をして終わります。

ステップ4
サポートグループによるピア・サポート活動

　サポート活動が始まると、メンバーの子どもたちは次回のサポートグループ会議を待ちきれずに状況を伝えにくる場合もあります。

　自分たちのサポートが大成功していると思える場合は、対象の友だちの楽しそうな様子やサポートしてうれしかったことなどを報告してくれるので、「どうやってそんなにうまくいっているの？」「成功の秘訣は何？」「そのことをあなたのお母さんが聞いたら喜ぶでしょうね。何て言うかしら？」などとコンプリメントで成功を支え、うまくいくことをもっと続けられるようにリソースを拡大していきます。

　実行したけれど成功しているかどうかわからない、自分たちが友だちの役に立っているのかわからないので不安などと報告しにきた場合は、「何がどうなったら成功と思えるの？」「大成功を『10』として、成功していないを『1』としたら、今の数値は何？」などと聞き、少しでもうまくいっているところを見つけてコンプリメントします。

また、対象の友だちの直接サポートグループのメンバーには伝わっていない小さな変化、リソースを見つけて、メンバーに伝えていきます。そして、何より、友だちの幸せを願って実際に行動し、働きかけてくれたことが成功の有無に関係なくとても素晴らしいこと、尊敬に値することだということ、教師たちは、そんなサポートグループのメンバーの行動に、心から感謝していることなどをコンプリメントしエンパワーします。

　何もサポート活動をしていない、勇気がなくてできないなどと落ち込んで報告に来た場合にも、サポートグループに入りグループの一員だということだけで、十分、困っている友だちや私たちの助けになっているということなどを伝えます。

　教師たちは、サポートするメンバー同士にお互いにサポートし合える関係が築かれるように支援します。1人の負担が大きくならないように複数で対応すること、重荷と感じないようメンバーに責任を課さないことなどの配慮も必要です。また、いつでもサポートグループを離れることができることも伝えます。

　特にいじめ問題がある場合、サポートを必要としている子どもが学校を休まずに、いじめに対処しているときは、本人のみならず、サポートグループやその他の子どもたちとの状況の中でうまくいっているところを探して肯定的にフィードバックしたり、状況によって必要があればいつでも介入できるように経過観察を続けるなどの配慮も必要です。

ステップ5
サポートを必要とする子どもとの面談（2回目以降）
～振り返り～

　サポートを必要とする子と、1週間の振り返りの面談をします。

【5-①】この1週間の対処をコンプリメントする

　面談の最初に、困難な状況に耐えて1週間対処してきた中で、なんとかしのいだことやうまくいったこと、努力などを聞き、コンプリメントします。

【5-②】現状を確認する

　この1週間に起きた「楽しかったこと」「うれしかったこと」「今までより少しはましだったこと」「プチハッピーと思ったこと」などを聞きます。さらに、「誰のどんなサポートがあなたをハッピーにしましたか？」「ほかには？」「それから？」などと質問し、よかったと思えることやうまくいっているこ

と、今後も続いてほしいと本人が願う変化などについて、詳しく具体的に聞き、すべてのポジティブな変化を肯定的に認め評価していきます。

多くの場合、「今まで何もできなくてごめんねって、謝ってくれた」「みんな心配しているって言ってくれた」「休みの日に遊ぼうって誘ってくれた」「突然、電話が来て驚いたけど、うれしかった……」などと話してくれます。

変化やうまくいっていることなどを引き出したり、解決への到達度などをスケーリングで評価したりして確認していくといいでしょう（89ページの「サポートを必要とする子どもとの面談（2回目以降）記録用紙」を使ってもいいでしょう）。

表情も明るくなり、笑顔が見られるなど、必ず良い変化を見ることができます。ここで終了できる場合も多くあります。

【5-③】次の面談の約束をする

約1週間を1サイクルとし、面談を繰り返していきます。ケースが深刻な場合は、面談のサイクルの周期を早めてもかまいません。

最後に、初回同様、「楽しかったこと」「うれしかったこと」「今より少しはましだったこと」「プチハッピーと思ったこと」など、どんな小さなことでもいいからメモをして、次回にまた教えてほしいと伝え、終了します。

「すでにあなたの状況は、良い方向に動き出していると思うけど、もっともっといい変化が見られると思うよ」「すでにあなたは、あなたらしく素敵に成長していますよ」と伝え、面談を終わります。

ステップ6

サポートグループ会議（2回目以降）
〜振り返りとシェアリング〜

2回目以降のサポートグループ会議のやり方も、基本的に初回と同様です。おもに放課後の時間を使って、教室や相談室、保健室などに集まってもらいます。2回目以降も担任の先生にも同席してもらえると、より早く大きな効果を得ることができるでしょう。サポートを必要とする子は同席しません。

初回と同様の手順で進めます。会議の時間は状況にもよりますが、中学生以上ならやはり40分前後を目安とします。

【6-①】この1週間の活動をコンプリメントする

この1週間で子どもたちが行ったサポート活動の努力を聴きながら、それ

をねぎらい、承認し、コンプリメントします。2回目以降のサポートグループ会議でのポイントは、1週間前のサポートグループ会議でプランニングしたサポート活動と、この1週間で実際に実行できたこととを比較しないことです。

　サポートグループのメンバーが1人で行ったこともグループで行ったことも全部含めて、どんなサポートができたか、またどう思ったか、困ったことなど、1週間を振り返り報告し合います。話したくないと思っている子もいることを配慮して、「パスありです」と必ず伝えます。

　話し合いが進まない場合は、「どのようなサポートができましたか？」「どんなことからうまくいったと思えますか？」「サポートを受けたお友だちはどんな様子だった？」「うまくいったとき、どんな気持ちでしたか？」「プランにはなかったのに、そんなアイディアをどうして思いついたの？」などと質問をして進めてもいいでしょう。

　どんな小さなことでも、子どもたちが友だちを思って行動してくれたことに感謝し、メンバーのそれぞれの努力に対して「ありがとう！　それはすごいね！」「勇気を出したね」「その気持ちが大事だよ」「あなた方の力は大きいよ」「あなた方は学級や私たちの宝物だね」「素晴らしいグループです！」などのコンプリメントで、肯定的にフィードバックします。

　無理に質問してメンバー全員から聞くようなことはせず、子どもたちが自由に話せる場の雰囲気をつくり、お互いに拍手をして、成功していることに心から感謝と喜びを伝え合うことが大切です。

> **ここがポイント！**
> **ピア・サポート活動が何もできなかった子への対応**
>
> 　ピア・サポートのプランは立てたけれど、実際には何も動けなかったメンバーも出てきます。そのような子に対しては、「このサポートグループに入ってくれているだけで、困っている友だちやみんなの力になっています！」と伝え、その子の存在自体を承認し尊重します。
> 　「やったけどあまり笑ってくれなかった」「うまくいったとは思えない」と報告するメンバーにも、「行動を起こしてくれただけで十分だよ」「感謝しているよ」「いろいろ考えてくれてありがとう」と、惜しみないコンプリメントをします。

　早ければここで終了できる場合も多くありますが、ケースによってはだいたい1週間を1サイクルとし、定期的に同様の振り返りの面談を繰り返し行っていきます。定期的に振り返りのミーティングを持つことで、モチベーシ

ョンや推進力を維持することができます。
　終了する場合は、次の【ステップ7】に進みます。

【6-②】次の1週間でできそうなサポート活動のプランニング
　【ステップ3-③】と同様に、「サポートを必要とする友だちに対して、次の1週間でできそうなサポートのアイディアを、どんな小さなことでもいいので出してもらえますか？」と問いかけ、アイディアを出してもらいます。

【6-③】サポートグループ会議 記録用紙を記入する
　【ステップ3-④】と同様に、アイディアの提案が終わったところで、サポートグループのメンバーの名前とサポートプランを子どもたちの言葉で繰り返し伝え返し、要約して「サポートグループ会議 記録用紙」に記録していきます（87ページ参照）。

【6-④】次回のサポートグループ会議の約束をする
　最後に、「みんな、いろいろなアイディアを出してくれましたね。ますます楽しみになってきました。また今日みたいにみんなのサポート活動の様子を教えてほしいので、1週間後に集まってもらえますか？」と伝え、次のサポートグループ会議の日程と場所を言い、再び集まってもらう約束をして終わります。

ステップ7
サポートの必要性の有無を確認

　【ステップ5】や【ステップ6】で、サポートを必要とする子はもちろん、保護者やサポートグループのメンバー、そして担任と主体的実践者など、誰もが「もう大丈夫」と確認できたらグループは解散し、活動は終了です。
　サポートグループのメンバーは、「えーっ!?　もう解散ですか？　もっとやりたいです」「とても楽しかったです」「前より友だちが増えました」「自分がとても重要な役割を果たしているんだと思え、幸せな気持ちになれました」など、たいていはどの子もグループの解散を惜しみます。しかし、どんな声があがっても、ここで一度解散し、他者支援の活動はお休みします。最後に90ページの「サポートグループ・アプローチ　振り返り」の記入をお願いしてもいいでしょう。

子どもたちに成長をもたらすアプローチ！

　サポートグループ・アプローチを実施すると、サポートされる子もサポートする子も、驚くほど変化します。その変化の様子をご紹介します。

サポートを必要とする子の変化
　友だち関係が悪化して不登校になり、心の傷が深い子どもたちもいます。サポートグループ・アプローチを始める前には、「転校を考えた」「誰にも会いたくない」「私にしたことを絶対許さない」「自殺を考えた」と言っていた子どもたちです。そんな子どもたちの多くが、初回面談後、間もなく、保健室登校や相談室登校など何らかの形で登校を始めます。

　ピア・サポート活動が始まると、「うざい」「かまわないでほしい」と言う場面が見られることもありますが、少しずつメンバーとの交流が増えるにつれて徐々に緊張が解け、笑顔で話す姿が見られるようになります。そうなると、サポートグループのメンバー以外の子どもたちとの交流もできるようになっていきます。そして、サポートグループのメンバーやまわりの子どもたちに支えられ、見守られながら、最初は休み時間に、次に担任の授業や放課後活動などから、自ら学級復帰の道を模索し行動します。

　「自分がとても苦しかったときに、友だちがそばにいてくれた。1人でいるよりも、やっぱり友だちがいてくれるだけで違ったし、自信が持てた。自分には弱い部分もあったけど、よく頑張ってきたなって思います」とサポートグループによる支援を振り返っていることから、サポートグループのメンバーにより本人の頑張る力やリソースが引き出され、自己肯定感を上げる助けをしてくれていることがわかります。

　教室復帰を果たし元気を取り戻した子どもは、今度は自分のまわりで困っている友だちを助けるために友だちの相談にのったり、大人への助けを求める手助けをするなど、教室で友だちのサポートをする姿が見られるようになります。

　このような子どもたちの姿から、直接かかわりを持つ人とつながる大切さを強く感じます。そして、かかわる人が増えることによって、他者とのかかわりを通して自ら生きる意欲を生み出し、行動することで大きな変化を起こしていくことを教えられます。

サポートグループのメンバーの変化
　サポートグループは、サポートを必要とする子どもの望む「未来」「幸せ」を願って、共通のゴールに向けて全力で集中して、努力し貢献します。1週

間後の集まりが待ちきれずに状況を報告しにきたり、サポートを必要とする子どもが登校したかどうかを確認しにきたりするなど、「よい用事」で職員室や保健室に頻繁に来室するという変化が起こります。小学校の場合は、担任の先生に随時報告しにきたりします。そんな変化に対し、子どもたちの話を受容し共感するとともに、学校関係者たちがサポートグループの存在を認め尊重し、肯定的なフィードバックをする機会が増えることで、子どもたちの自己肯定感やモチベーション、責任感は、自然によりいっそう高められ、持続し、成長していきます。

　サポートグループのメンバーは、どの子も「引き受けたのは、頼まれたからではなく、同じクラスの友だちだから助けるのは当たり前」「友だちが苦しんでいるのに何もできない自分に腹が立っていた」「こういう思いをする人を二度と増やしたくない」と振り返っています。そして、メンバーの仲間同士の励まし合いや周囲からのコンプリメントにより、サポートを継続することができるのです。

　いじめなどの加害者やその周囲の子どもがサポートグループのメンバーに指名され招かれた場合も、このような子どものほとんどは、無言であってもサポートグループ会議に参加し続けます。

　加害者だったある子どもは、サポートグループに誘われたとき、「自分もいじめられているときに助けてもらったから、助けられる人になりたい。自分がしたことは間違いだった。今度からは友だちがいじめられていたら、やめさせられるような人になりたい」と話し、「ひどいことをした……」と反省し、手紙ですぐに謝りました。

　それは、いじめている相手を苦しめる行動を続ける自分自身と向き合う契機となり、責任を自覚することを迫られることとなり、加害者周辺の子どもたちのいじめ行動に歯止めがかかる結果となるのです。そして、「何かあったら助けられる人」になることを選択するという子どもの成長が見られます。

クラスの子どもたちの変化

　サポートグループが学級に結成されると、結果的に、サポートを必要とする子どもに対する学級の子どもたちの関心が高まっていきます。そして、自分たちも何か良いことをしようと活発に動き始めるという大きな変化が現れやすいのです。それは、学級集団全体にもいじめをやめて、困っているクラスの仲間を支援できる人になる機会を提供することになります。

　つまり、サポートグループの存在自体が、学級の成功や友情の深まり、広がり、お互いを思いやる心などを促進させるとみられます。それは、安心して教室復帰できる温かな学級の雰囲気を醸成し、根本から解決することに大きな貢献を果たすことになります。

クラスの友だちをただ一心に思い、行動するサポートグループの仲間の姿が学級全体に波及し、パワーバランスを変えます。多くの「傍観者」を巻き込み「サポーター」へと変化させていく姿は、想像以上の影響力です。いじめの解決の鍵を握っているのが、「観衆」や「傍観者」の子どもたちでもあるなら、従来の指導に加え、サポートグループ・アプローチを実践することは、いじめなどの解決に大変有効なものとなるでしょう。

＊　　　　　　　　　＊

　子どもたちに潜在する素晴らしいリソースを最大限に発揮してもらうためには、私たち大人は、決して出しゃばらず、子どもたちに潜在する力を信じ、尊重しながら一歩後ろからリード、アシストする必要があります。そして、どの場面でも、解決志向アプローチで最も重要なコンプリメントというスキルを使って、子どもたちが持つリソースを本人たちに伝えます。惜しみない"コンプリメントシャワー"により、子どもたちはこれが自分のリソースなのだと気づき受け入れられるようになります。また、そのリソースを自分で活かして使えるようになり、自信を持って自主的に課題を解決していくのです。

　関係しているすべての子どもたちの成長発達が促進される、私たちが想像する以上にダイナミックな肯定的変化を起こす仕組みが、サポートグループ・アプローチに内在していると言えるでしょう。

第3章

実践例で学ぶ
サポートグループ・アプローチ

1 いじめ
加害者との関係修復が望みだったハナエの事例

対象生徒：ハナエ（中学1年女子）
支援期間：中学1年10月初旬～11月中旬（約7週間）
不登校期間：中学1年8月下旬～11月中旬
登場人物：母、担任、トモ子、ユウ、ヒトミ、アイ、リカ、アスミ、エリ
問題の概要と経過：中学1年生のハナエには内向的なところがありますが、一番親しくしているトモ子と、ほかに3、4人の女子グループに囲まれ、表情も明るく、楽しそうに学校生活を送っていました。

　ところが1学期の終わりころ、ハナエは男子生徒をめぐってトモ子と感情のトラブルになり大ゲンカをします。それ以降、女子グループから仲間外れにされます。さらにそのとき、ハナエがトモ子との関係を修復しようといくつかの嘘をついたことが、ほかの女子や他学級にも広がり、仲間外れになっていきます。トモ子の取り巻きからトイレなどで罵倒されたり、嫌がらせメール、「うざい」「死ね」などの暴言、持ち物隠しなどのいじめを受けたりして、どんどん孤立していきました。

　担任はすぐに介入し、ハナエ、トモ子、そして取り巻きの女子から話を聞き、問題の事実を確認します。その後、関係修復のために、トモ子やその取り巻きに対して数回にわたり、強い注意、叱責、指導をします。しかし、関係は修復されないまま夏休みに入ります。

　夏休みの間、ハナエは、学級に関係なく連絡のとれる友だちと、好きな男子に関する嘘の情報を携帯メールでやりとりし、誰かとつながろうと必死に発信し続けましたが、状況はさらに悪化し、不登校となりました。

　担任は、ハナエの周囲の友だちにハナエの様子を時折聞きながら、自宅に毎朝電話をかけます。そのたびに「遅れて行きます」と答えるハナエを9月中旬ころまで見守りました。しかしいっこうに状況が改善されないため、保健室に相談に来られました。

ステップゼロ
Let's サポートグループ・アプローチ！

　ハナエの担任を中心に、学年教職員でアセスメントと支援方法を検討し、人間関係の修復にはピア（学級の仲間）の力や働きかけが有効ではないかと考え、これまでの担任の支援に加えて、サポートグループ・アプローチを使って取り組むことの共通理解を得ました。

ステップ1
保護者との面談

　担任と私で家庭訪問をして、ハナエの母親と三者面談をしました。
　この日、ハナエは自分の部屋に閉じこもり、私たちの面談には応じてもらえませんでした。
　母親1人で2人の子どもを育ててきたこれまでの養育の苦労や、先の見えない不安、またご自身の身体的不調などの訴えによく耳を傾け、自然な受容と共感の姿勢でお話を聴きました。心の傷つきにも配慮しながら、母親自身の苦労や頑張り、努力したことなどをコンプリメント（賞賛する、認める、ねぎらう、応援する）し、力づけます。
　「お母さんの今困っていらっしゃることが全部なくなったら、何がどのように違っていますか？」などと聞きながら、母親が望む未来の状況に焦点を当てます。そして、できるだけ実現できそうな日常の小さな幸せにつながることを一緒に考えていきました。
　母親は、「ハナエが学校に行けない原因には、友だち関係があると思います。私は心配で何もする気になれず、一日中、布団をかぶって寝ている日が続いています。ハナエが友だちと仲良くできるようになって、以前のように元気に学校に行ってくれたら、心配しないで私は病院に通えるようになり、治療に専念することができるので、私も少し元気を取り戻せると思うのです」と話してくれました。
　担任は、母親に「私たちは、ハナエさんと関係する子どもたちに呼びかけて、グループでサポートすることを考えています。ハナエさんが安心して戻ってこられるよう、現在も学級のみんなにも協力してもらって環境を整えていますし、今後も、ハナエさんが以前のように登校できるようにみんなで頑張っていきます」とお伝えしました。
　私は、「ハナエさんと一度お話ししたいので、会ってくれるようにお母さんからも話してほしい」と伝えました。そして、ハナエに関係する全員が一丸とな

って、連携・協力して、ハナエを支援していく約束をしました。

最後に、「きっと今より良い状況になるので、ほんの少しでも良くなったことをお母さんもメモしていただき、今度お会いしたときに教えてください」と伝えて面接を終わりました。

ステップ2
サポートを必要とする子どもとの面談（初回）
〜サポートグループのメンバーを特定〜

母親との面談が終わった数日後（10月第1週）、母親から連絡があり、担任と一緒に家庭訪問をして、ハナエと話すことができました。

面談では、ハナエの過去の問題や原因には一切ふれず、今のつらい状況や困っていることが解決したらどうなっているのか、望んでいる未来に焦点を当てた「解決志向アプローチ」の面接で進めます。

まず、子どもが得意とすることや、さりげない質問をして、リラックスして話せる場をつくるように心がけます。子どもの気持ちをことさら聞かないように注意することも必要です。

私「ハナエさんとは、あまり話したことなかったね。ハナエさんのこと、私に少し教えてくれる？」

ハナエ「あはは…。うん、いいよ…」

私「テレビではどんな番組が好きなの？　アイドルとか好き？」

ハナエ「別に…。特に興味ない」

私「そうなんだ…。アニメなんかは？」

ハナエ「どうせ言ってもわからないでしょ」

私「そっかあ…、確かに。マイブームは？」

ハナエ「特にないな…」（ここで、リソース探し。ハナエは、ここまでずっと、飼っている犬を触りながら話をしていました。）

担任「あれ？　この犬、かわいいね！」

ハナエ「あっ、ビトンって言うんだ！　お母さんのバッグから名前とったの。あはは…」（ハナエの顔がパッと明るくなりました。）

私「へえーっ！　ビトンちゃんって言うんだ。ダックス犬？　男の子？　女の子？　いやあ〜、かわいいね！　私、犬、大好きなんだよねぇ。あはは」

ハナエ「そう、ダックスだよ！　女の子！　この間、赤ちゃん産んだんだよ！」

担任「へーっ！　いついつ？　産んだばっかり？　何匹？」

ハナエ「3匹、3匹だよ！　うちのお母さんは具合が悪かったから、私が赤ちゃんのへその緒、切ったんだよ！　もう、すごい恐かったんだから」

私「それはすごい経験だね！　犬の助産師さん？　ビトンの子どもたちの命の

恩人だね。すごいすごい！　なんか感動するね。そんなお話、初めて聞いたよ」（コンプリメントをシャワーします。）

　ハナエは息せき切って、そのときの貴重な体験を興奮気味に話してくれました。話し終わるころには、ハナエの顔も明るくなり、担任と私とすっかり仲良くなり信頼関係ができていました。その後もリソースを探す対話を続け、ハナエの表情を観察しながら次の質問をしました。

私「ところで、1から10のスケールで、最高に困っていて想像できる限り最低最悪な状態が『1』として、自分がこうなっていたらいいなと思う最高の状態を『10』としたら、今はいくつくらいだと思う？」（スケーリングで、自分の状態を評価し、解決像を描いてもらいます。）

ハナエ「『1』かな？」

　「1」の内容を聞くと、ハナエは「ビトンの赤ちゃんを自分が世話をしているから、家が楽しい」と答えました。「ほかには？」と聞きましたが、「別にないな…」と、すぐにふさぎ込んでしまいます。

私「もう1つ上がって『2』になったら、どうなっているの？」

ハナエ「学校に行って、友だちと楽しくおしゃべりしてそう」

私「お友だちと学校でおしゃべりしているのね。学校のどこで、誰と話しているのかな？」

ハナエ「わからないけど…、たぶん教室で、ヒトミちゃんとかリリちゃんとかトモちゃんもいる…かな？」（自信なさげにポツリ、ポツリと話します。）

担任「そうかい、そうかい。うん、うん。わかるよ…。トモ子さんね。先生もトモ子さんとは話していたよ。ちゃんと話したいよね？」

　私は、持って行った学級の子どもたちの名前が書いてある氏名単票に目を通していました。

ハナエ「うん…。私…、トモちゃんと話ができるようにならないと学校には行けない…」

担任「うん、うん。わかってる。みんなハナエさんのこと心配しているんだよ」

　ハナエは、再登校しクラスの友だちと楽しくおしゃべりをして過ごすことと、トモ子との関係が修復できていることを解決のイメージとして強く描いていました。

――サポートグループのメンバーを特定

私「ハナエさんの願いがかなうように、クラスのお友だちにサポートグループをつくってもらって、お手伝いしてもらうのはどうかしら？」

ハナエ「えっ？　何？　誰に？」

私「ハナエさんが希望するクラスの何人かに、メンバーになってもらうの。ハナエさんが学校で楽しく笑って過ごせるように力を貸してもらうの」

ハナエ「そんなことしてくれるかな？」

担任「大丈夫だよ。いつも『ハナエさんは何しているかな？』って、クラスの

みんなは心配しているんだよ。この間だって、エリさんからの手紙、ポストに入っていたでしょ？」
ハナエ「うん…」
　私から「これから私たち3人で一緒に相談しましょう」と伝え、クラスの氏名単票を眺めながら話を進めました。
私「付き合いにくくて、ハナエさんが今は苦手だなって思っている人はいる？」
ハナエ「ユウかな？」
私「ユウさんね（と確認）。ユウさんのまわりにいた人は誰かな？」
ハナエ「リカとアスミ」
担任「うん、そうだね。その3人はいつも一緒にいるね」（担任は、ノートに、本人があげたメンバーの名前を書き込みます。）
私「ほかにはいましたか？」
　ハナエが「いやあ…」と言いよどんだので、私は次のように言いました。
私「無理に思い出さなくていいからね」
　名前のあがった子どもが何をしたか、まわりの子たちがどうだったのかなど、事情を聞いたり問題を掘り返したりは、一切しません。人間関係のトラブルやいじめ問題などでは、加害者も観衆も傍観者も、みんなサポートグループのメンバーに誘い込むことで、仲裁者となる機会になり得ますし、仲裁に至らずとも少なくともいじめに歯止めをかける力となることは確かです。
私「ハナエさんがお友だちと思える人は？」
ハナエ「いない。誰ともしゃべってないもん」
私「誰とだったら話せると思う？」
ハナエ「ヒトミちゃんとアイちゃんなら話せるかもしれないな…。それと、やっぱりトモ子と…話さないと…」
　ハナエは、トモ子やその取り巻きグループ、隣のクラスの女子からどんなに「ウザい」「嘘つき！」などと暴言を吐かれいじめられても、一番仲良くしていたトモ子との関係を修復したいと強く願っていました。
担任「うん、うん。そうかい、そうかい。ハナエさんはトモ子さんと仲良かったもんね。わかったよ。ぜひ、トモ子さんにも、メンバーに入ってもらおうね」
ハナエ「うん…。あと、あんまり話したことないけど、エリとは友だちになれるかなぁ…」
担任「なれると思うよ。新しい友だちつくっていくのもいいでしょ？」
ハナエ「うん…、そうだね。じゃ、エリもよろしく！」
私「では、ハナエさんのサポートグループ・メンバーは、ユウさん、リカさん、アスミさん、ヒトミさん、アイさん、トモ子さん、エリさんの7人でいいかしら？」（私が氏名単票で確認し、担任はノートに記録しました。）
　付き合いにくくて苦手だと思っている2人、その周囲にいる2人、話せるか

もしれない2人、いつも心配してくれる1人で、サポートグループをつくることになりました。

　サポートグループは最低5人いれば、どんな状況のときでも、サポートを必要とする子どものそばに1人か2人は常にいてくれる可能性が高いので、7人という数はサポートグループとして理想の構成人数でした。

私「ハナエさん、今日はたくさんお話をしてくれてありがとう。疲れたでしょう？　ビトンの赤ちゃんを大切に育ててあげてね！　ハナエさんが家で大活躍している様子がわかってとってもうれしかったし、ものすごく感動しました。そして、みんなの名前を教えてくれてありがとうね」

担任「明日、さっそくみんなに集まってもらうよ」

私「この子たちに集まってもらって、ハナエさんが前みたいに学校に来られるように、みんなで話し合ってみますね。では、1週間後に、また話を聞かせてくれる？　もし、その前に何かあったら言ってね。それと、次に会うまでに、何か少しでも今より楽しかったこと、うれしかったこと、『これハッピー！』って思ったこと、どんな小さなことでもいいからメモしておいて教えてほしいの。どうかな？」

ハナエ「わかった…いいよ。書いておきます」

私「きっとこれから良い状況になりますからね。ほかに私に話しておきたいことはあるかしら？」

ハナエ「ないと思う」

私「そう、じゃ、また来週来ますね」

　来週また会うことを約束して、1回目の面談を終わりました。

ステップ3

サポートグループ会議（初回）
〜サポート活動のプランニング〜

　担任はさっそくサポートグループのメンバーとして名前のあがった子どもたちに連絡し、ハナエとの1回目の面談の翌日の放課後、担任と一緒に、保健室に集まってもらいました（ハナエはサポートグループ会議には呼びません）。ハナエに対しては本来なら加害者とみなされるトモ子や、観衆だったり傍観者だったりするユウ、リカ、アスミも含めて、7人のメンバーです。

　トモ子たちは呼び集められたことで緊張し、不安そうな様子もありましたので、私がはじめに、「放課後の予定がいろいろあるのに、みんな集まってくれてありがとう！　すごくうれしいです。みんなにちょっと手伝ってもらいたいことがあって、来てもらいました」と、みんなが集まってくれたことへの感謝の気持ちを伝えました。

そして、みんなの緊張が解けてリラックスして話すことができ、明るく楽しいポジティブな雰囲気になるように、まず自己紹介をしてもらうことにしました。
私「私が初めて会って話す人もいるので、自己紹介してもらいたいの。名前と好きな教科や部活、それから、この1週間くらいの間に『ちっちゃなハッピー！』『幸せ！』と思えたことを教えてほしいの。いい？」
アイ「アイです。好きな教科は国語。この前、国語の小テストで10点満点中9点とって家でほめられたことがめっちゃ良かったことです」
ヒトミ「ヒトミです。私は家でお菓子をつくるのが好きです。おばあちゃんにケーキを買ってもらってうれしかったです」
リカ「週末、お友だちと家で遊んだことが楽しかったです」
エリ「エリです。学級長をしています。週末は久し振りに一日中ゴロゴロ寝ていたのでスッキリしました」
みんな楽しそうに話してくれます。
しかし、そんな中、トモ子だけがむっつりと表情を変えず、口を開こうともせず、沈黙していました。私はそんなトモ子に、さりげなく「パスありだからね！」とつぶやいてフォローしました。
自己紹介が終わったので、私はこう切り出しました。
私「みんな教えてくれてありがとう。ところで、クラスはどう？」
すると、エリが自分たちは毎日楽しくしているけど、ハナエが来ていないのが気がかりだと言いました。トモ子とユウを除いて、みんなもうなずいていました。
私が「さすが選ばれた人たちですね。やっぱりハナエさんのこと心配してくれていたのね」と言うと、担任がそれを後押しするように「そうなんですよ。うちのクラスの子たちは友だち思いなんですよ！」と自慢げに言い、みんな笑っています。

——サポート活動のプランニング

グループの雰囲気が和んできたところで、私と担任は本題に入りました。
私「そんな担任の先生ご自慢のみんなに、手伝ってもらいたいことがあって集まってもらったのよ」
担任「ハナエさんやハナエさんの保護者の方も、みんなにサポートしてほしいと思っている。僕たちも、このメンバーは、ハナエさんがまた学校に来てみんなと笑顔で毎日楽しく過ごせるように、ハナエさんを助ける力を持っていると思うんだ」
それを聞いたトモ子は、無言無表情で座っていました。しかしユウはうなずいていますし、他の子どもたちの表情は明るく、「やってみたい！」「なんか楽しくなりそう」「私たちにできるかなあ？」などと口々に話しています。
私と担任は、ハナエが学校に来られない原因や、問題に関することには一切

ふれず、建設的な行動へと意図的に注意を向けます。そして、今みんなが持っている強みや力を活かして、どうやったらハナエのために前向きな行動がとれるか、この1週間でできるハナエへのサポートを、自由に思いつくままに話し合ってもらいました。

　まずエリが口火を切りました。
エリ「ハナエ、もう1か月以上も学校に来ていないよね。家で何しているんだろう？　暇じゃないのかな？」
ヒトミ「家に電話してみない？　私たちが学校で待っていることを伝えたいね」
アイ「学校帰りに家に会いに行ってみる？」
エリ「うん！　いいね」
リカ「私も手紙書くから持って行って」
アスミ「私も書くわ」
ユウ「私も…」
ヒトミ「まず家に電話して『何してる？』って話そうよ」

　それぞれの思いや考え、具体的な方法が、どんどん話されます。みんなの声も大きくなり、ワイワイと、とっても楽しそうな様子が伝わってきます。
　私は、「それはいいね」「ナイスなアイディアだね！」「誰かほかの人にもしてあげたことあるの？」「ハナエさん喜びそうじゃない？」と、出された提案の一つひとつを受け止め、認め、どんどんコンプリメントしながら、「ほかにどんな方法があるかな？」「それから？」と、もっともっとアイディアを引き出していきます。そして、「それは、いつごろできそう？」と聞き、実行できるように支えます。
　トモ子だけは、相変わらずうつむき加減に無言無表情で座っていましたが、特に意見を言うように強いたりはしませんでした。
　ほぼ全員から、この1週間でできそうなことのアイディアをもらったら、「エリさんは学校の帰りにハナエさんの家に行くのね？　ヒトミさんとアイさんも一緒ね？　お手紙を書いてくれるのは…」と確認しながら、みんなにも見えるように、サポートグループ会議の記録用紙に書いていきました。
　そして最後に、「今日は本当にありがとう。きっとうまくいくことを願っています」と伝え、様子を聞かせてほしいので1週間後にまた集まってもらう約束をして終わりました。

ステップ4
サポートグループによるピア・サポート活動

　1回目のサポートグループ会議の終了後、さっそく、エリ、ヒトミ、アイが

学校からハナエの家に電話したいと言いだし、3人で職員室からハナエに電話をかけました。ハナエ本人が電話に出たようで、みんな明るい自然な調子で、「元気？　私のこと忘れていない？　うん、うん、何していた？　今度、家に遊びに行ってもいい？」などと、代わる代わる楽しそうに数十分話していました。エリたちは、ハナエと話したことがとてもうれしかったようで、モチベーションを上げて帰りました。

こうして、サポートグループのメンバーの小さな成功を一つひとつ承認し、肯定的に評価することを継続していきます。

ステップ5

サポートを必要とする子どもとの面談（2回目以降）
　　　〜振り返り〜

翌週、担任と一緒に家庭訪問しました。この1週間で「良かったこと」に焦点を当てて、ハナエと振り返りの面談をしました。

私「この1週間で、ちょっと楽しかったとか、うれしかったとか、何か良かったと思ったことはどんなことでしたか？」

ハナエ「エリ、ヒトミ、アイが電話くれて、学校に来るのを待ってるよって言ってくれて…すごくうれしかった」

私「そうなんだ！　良かったね。ほかには？」

そう聞くと、ハナエは、リカとアスミが手紙で「何にもできなくてごめんね」と謝ってくれたことや、週末にヒトミとアイが家に来てくれて、ビトンの赤ちゃんと遊んだことなどを話してくれました。サポートグループのメンバーからたくさんの励ましをもらってうれしかったと報告してくれました。

スケーリングで今の状況を評価すると、1週間前の「1」から「3」に数値が上がっていました。ハナエの表情もいくらか明るくなっていました。

ステップ6

サポートグループ会議（2回目以降）
　　　〜振り返りとシェアリング〜

10月第2週、2回目のサポートグループ会議では、メンバーみんなで一緒に行動できたことを重視し、実行できたことと前のサポート会議で提案したことを比較せず、ハナエにどのような貢献ができたかをしっかり聴きました。メンバーは、自主的に手紙や電話で自分たちの思いを伝えたこと、ハナエの自宅に行くと子犬を見せてくれてたくさん話ができたこと、嫌がらせメールが止まっ

たことを聞いたなど、一人ひとりが実行できたことをお互いに詳しく報告し合いました。

私はメンバーそれぞれに、「ハナエに会えて良かったね」「それは、うまくいったね！」「よくやってくれたね」などと、支援に対して感謝の気持ちや賞賛の言葉を伝えました。グループ全体にも、うまくいっている、成功していることに心からの喜びを伝えました。

トモ子は無言ですが、その後も決して欠席せず、会議に参加する姿がありました。

──ハナエの保健室登校

10月下旬、3回目のハナエとの面談とサポートグループ会議を終了したころでした。母親から担任に、「ハナエが保健室だったら行けると言っているのですが、行かせてもいいですか？」と電話がかかってきました。

次の日、3時間目の途中、母親と一緒にハナエが学校に来ました。保健室で、担任と私、母親、ハナエの4人で、軽く談笑しました。ハナエは、「学校に来ることができたのは、サポートグループのメンバーたちが謝ってくれて、いつでも学校で待っている、応援もするから出ておいでと、電話や手紙で励ましてくれたので、みんながそばにいてくれたら頑張れるかもしれないと思ったからだ」と話してくれました。

担任と私は、ハナエが勇気を出して学級の仲間であるサポートグループのメンバーを受け入れて交流し、さらに、頑張って登校したことを心からコンプリメントし、一緒に喜びました。

それからは、ハナエが保健室に登校すると、おもに授業が空いている学年の教職員が交代で来室し、軽い雑談でコミュニケーションをとり、プリント学習などで支援をしてくれました。

サポートグループは自主的に、ハナエが気をつかわず話せるように2～3人が交代で、休み時間のたびに来室しました。授業のノートを持って来て、ハナエの学習の遅れを支援してくれたり、何気ないおしゃべりをしたりしていました。給食の時間にも、ハナエの給食を運んできて、笑えるような話題を提供してくれました。

サポートグループ以外の学級の子どもたちも代わる代わる保健室にやって来て、「元気だった？　心配していたよ」「家で何していたの？」「待っていたよ。これでクラス全員そろうね」などと、みんなうれしそうにハナエに話しかけるので、保健室はたちまち子どもたちの笑い声と笑顔であふれ、とても温かい雰囲気になっていきました。

しかし、そんなまわりの楽しい雰囲気の中で、ハナエの表情は暗くふさいでいました。給食にもまったく手をつけませんでした。サポートグループ以外の子どもたちが様子を見に保健室にやって来ると、保健室の奥に隠れてしまうこともありました。

メンバー以外とは話さないハナエの姿を、トモ子とユウは、学級の子どもたちにまぎれて、保健室の入り口あたりから隠れるようにうかがっていました。
　サポートグループのメンバーは、いっこうに元気にならないハナエの様子に、「自分たちは本当にハナエの役に立っているのかな？　教室に戻るどころじゃないね…」と自信を失い、落ち込んでいきます。

――トモ子との和解

　11月に入って4回目のサポート会議が予定されていた2、3日前の放課後のことです。ハナエを幸せにするのは難しく、なかなか笑ってくれないなどと保健室に報告に来ていたエリたちと、トモ子が一緒になりました。サポートグループのメンバーの様子をうかがい続けていたトモ子が、「私がハナエと話し合いをするよ！」と、ついに口を開き、行動を提案しました。

　翌日の放課後、保健室で、ハナエとトモ子の2人だけの話し合いの場を持ちました。担任と私は、話し合いに立ち会うことを提案しましたが、2人とも「2人だけ」で話をすることを希望しました。とても心配でしたが、子どもたちの希望を尊重しました。

　長い沈黙のあと、トモ子がハナエに「あんたのこと許すから。私もごめん」と伝え、ハナエも「ありがとう…。嘘ついて本当にごめんね」とトモ子に謝罪し、和解したという報告を受けました。2人のケンカから女子グループを巻き込み、そしてクラスにも広がり、それぞれどの子どもも心に傷がついたハナエのいじめ問題に、やっと幕が降ろされました。

――ハナエが教室に完全復帰

　教室では、ハナエがいつでも安心して戻れるように、サポートグループのメンバーに囲まれた位置に座席が置かれています。サポートグループのメンバーを中心にクラス全員で、ハナエがどうしたら以前のように楽しくクラスで過ごせるか、常に担任と相談しているようでした。音楽や美術などの特別教室の時間も、サポートグループと一緒になるようにメンバーが提案します。クラス全体がハナエを受け入れる温かな環境を整える準備をしていたのです。

　トモ子との和解のあと、担任の「次は俺の授業だから行くぞ」という強い誘いや、サポートグループのメンバーの「私たちがいるから大丈夫！」という安心で温かな言動に守られ、ハナエは完全に教室復帰を果たします。

ステップ7
サポートの必要性の有無を確認

　その後、2週間ほど、ハナエはサポートグループと一緒に行動していましたが、別のグループの友だちとの関係を築きはじめ、サポートグループから少しずつ自立していきました。

サポートグループのメンバーは、
エリ「私たちと一緒にいたほうがいいと思うんだけどな」
アイ「いいじゃない？　ハナエが自分の好きな人と一緒にいれば」
エリ「私たち『もういらない』って…ちょっとつまんないや」
アスミ「みんなで一緒に行動できたし、楽しかったな。また何かしたいよ」
リカ「私たちが仲良くなったね」
などとグループの解散を惜しみますが、担任も保護者も私も、もうサポートグループの支援がなくてもハナエは大丈夫と判断しましたので、11月3週目、サポートグループは解散しました。

子どもたちの変化

　ハナエは、トモ子との関係修復を解決像として望み続けました。このように、「解決志向アプローチ」の面接により、本人がどうなりたいか望む未来を明確に描き、仲間支援の力を受け入れ、それに応えようとするモチベーションが解決を実現させる大きな要因となりました。

　人は、他者とのかかわりを通して自ら生きる意欲を生み出し、行動することで変化を起こすのだと思います。直接かかわりを持つ人とつながることが大切で、かかわる人が増えるにつれて影響力が増し、さらに本人の力が引き出され促進されると考えます。

　トモ子は、ハナエにサポートグループのメンバーに指名され、サポート会議には無言で参加し続けました。そうすることで、ハナエを苦しませる行動を続ける自分自身と向き合い、振り返る契機となり、責任を自覚することを迫られます。そして、加害者であったトモ子のいじめ行動に歯止めがかかり、ついには自ら解決へ向かう行動変容が生み出されます。

　表面的には、必要以上にいじめの責任を追及しません。しかし、サポートグループが学級に結成された時点で、被害者であるハナエへの支援が集中的に実施されますので、学級集団全体にもいじめをしないことを選択し、困っている人を支援できる人になることの機会が提供されるのです。

　サポートグループは、ハナエの望む未来（教室復帰）という共通目標に向けて全力で努力し貢献します。そのようなサポートグループの存在自体が、友情やお互いを思いやる心を促進し、不登校だったハナエが安心して教室復帰できる安全で温かな学級の雰囲気を醸成し、根本的な解決に大きく貢献しました。

2 不登校
修学旅行をきっかけに再登校した長期不登校のケンイチの事例

対象生徒：ケンイチ（中学3年男子）
支援期間：中学3年5月中旬～6月初旬（約4週間）
不登校期間：中学2年10月初旬～中学3年5月下旬
登場人物：母、祖母、担任、タカ、ショウ、ユウト、ユウスケ、ハルキ、アヤカ、マユ、カズヤ、ダイキ

問題の概要と経過：ケンイチは、母親との2人暮らし。仕事が忙しい母親に代わり、祖母が毎日留守番に来ていました。小学校3年生ころから不登校傾向が少し見られたものの、中学校入学後は登校していました。2年生の1学期まで目立つ欠席はありませんでしたが、夏休みが終わり2学期が始まったころから不登校になり、3年生になってからはまだ2日しか登校していませんでした。

不登校になった原因やきっかけは不明ですが、担任からは、うまく人間関係構築ができていないという報告がありました。3年生になって登校したときに、「邪魔なのが1人いる」「学校来ないでサボっているのにブログ書いている」「あいつきもい」など、本人に聞こえるように罵倒したクラスの男子がいるのを見たという報告もありました。

3年生の修学旅行が1か月後に迫った5月中旬のある日、担任から「ケンイチを修学旅行に連れて行きたい」と相談を受けました。その直後に、母親から直接、私に電話が入り、来室面談の希望を受けました。

ステップ ゼロ

Let's サポートグループ・アプローチ！

母親と面談する前に、担任と話し合う時間をとり、ケンイチの支援方法を検

討し、サポートグループ・アプローチを使って取り組むことになりました。

ステップ1
保護者との面談

　5月第3週、母親との面談を行いました。

　母親に担任同席を提案しましたが、母親からの許可をいただけませんでした。「2年生の3学期に何度か来校し、担任と面談してケンイチのことをお願いしましたが、何もしてくれませんでした。もう話すことはありません」と母親は少し怒り気味で、担任に対し疑心暗鬼の様子がうかがわれました。

　母親は、「中学1年のときの担任は、ケンイチが学校を休むと2日目には家庭訪問に来てくれて、ケンイチと一緒に将棋をしたり鉄道の話題で、つながりを持ってくれていました。教室でも頻繁に声をかけてくれていたようで、家でも楽しそうに担任の話をしていました。本当によく面倒を見ていただき、今でも感謝しています。でも、2年生になりクラスや担任が替わってから、登校前に腹痛を訴える回数が増えて、学校に行きたがらない日が続き、もうまったく行けなくなってしまったのです。私も母もどうしたらよいかわからず、何度も学校に行って担任に話しましたが、何もしてもらえず、困り果てていました。修学旅行も近いですし、進路のこともあるので、1日でも早くケンイチを学校に行かせたいです」と話していました。

　私は、学校として十分に対応できずにいたことをお詫びしました。母親の仕事に関する話を詳しく聴いたあと、仕事をしながら1人で養育する母親のつらさや大変さをねぎらい、1日も欠かさずに毎日、孫のために留守番に通っている祖母の温かい思いや言動に対しても、心からコンプリメントしました。

　母親に解決像をイメージしてもらうと、「近日に迫る修学旅行に行かせたい」「来年の春休みには高校進学を果たしたケンイチと、祖母と、3人でのんびり九州に列車の旅をしている自分たちの姿」を描いていました。「そうなるために学校に行って勉強してもらいたい」と願っていました。

　「今まで、お母様がケンイチくんにしてこられたことの中で、何か役に立ったことを思い出して教えていただけますか?」という質問から、母親は「1人で写真を撮りに行くほどケンイチは鉄道が大好きなので、『お父さんから譲り受けた一眼レフのカメラを持って修学旅行に行ったら?』って、家に帰ったら言います!」と、解決に役立つ行動を自分から話してみるという行動課題を持ってお帰りになりました。私は、翌日担任と一緒にケンイチに会うために家庭訪問することと、「2週間後にまたお母様にお会いするときに、ケンイチくんに修学旅行のことを話してどんな変化があったか教えてください」と伝え、次回面談の日を決めて終わりました。

ステップ２

サポートを必要とする子どもとの面談（初回）
～サポートグループのメンバーを特定～

　保護者との面談終了後、担任に、母親はケンイチが修学旅行に行くことと、再登校することを強く望んでいること、そして私が直接ケンイチに会うことになったことを報告しました。その際、担任にも家庭訪問に同行していただきたいとお願いし、承諾してもらいました。

　母親は仕事で不在でしたが、家には祖母がいて、丁寧に挨拶され、家庭訪問に対する感謝の意を表してくださり、私たちを快く招き入れてくれました。ケンイチは、顔の色が白く、少し幼さの残る温和で穏やかな感じの子どもでした。

担任「いや…久しぶり。毎日、何していた？」

ケンイチ「あ…、教科書を少し見たり、あとはパソコンとプラレール」

祖母「先生、毎日パソコンやっているんですよ。長い時間やっているから、時間になったらやめるように注意しているんですけどね」

私「パソコンで何やっているの？」

ケンイチ「鉄道ブログだよ！」

私「そうなんだ、ブログやってるんだ。すごいね！」

祖母「何年もやっているんですよ」

私「私、鉄道のことまったくわからないんだけど、ケンイチくんがどんなことをアップしているのか興味あるわ！　見せてほしいなあ…」

担任「俺も見たいな」

　ケンイチは私たちの要望に快く応え、自分が過去に乗った鉄道の写真、名前や路線区間などの記事が書かれているブログや、自分で撮った700枚もの写真を見せてくれました。年齢に関係なく鉄道に興味・関心がある学校以外の仲間と活発に交流している様子が、ブログでわかりました。鉄道の話題を聴いてコンプリメントをすることで、私たちとの関係がとてもスムーズになり、心の距離が近づく感じでした。

担任「修学旅行もＪＲの特急で青森まで行くんだぞ。知っているよね？」

ケンイチ「スーパー北斗とスーパー485系白鳥だね…？」

私「調べていたの？　乗る、撮る…、ブログにアップできるチャンスになるんじゃないの？」

ケンイチ「うん！　そうなんだよね…」

担任「修学旅行のホテル班は、ユウト、タカ、ショウと同じ部屋になっている。自主研修の班はこのメンバーにアヤカとマユが入ってるから」

ケンイチ「う…ん…、行きたいよ。修学旅行も学校も…。行けるかな？　自信ない…」

私「修学旅行にも学校にも行きたいのね？」
　そして、私が「ケンイチくんが自信を持って行けるように、サポートグループをつくってちょっぴり助けてもらうっていうのはどうかしら？」と、サポートグループ・アプローチで支援することを提案すると、ケンイチは明るい顔でうなずいて了解しました。

――サポートグループのメンバーを特定

私「ケンイチくんは、学校に来たら、誰と話したり一緒に行動しているのかな？」

ケンイチ「いつも一緒にいるのはタカとショウ。ときどき話すのがユウスケとハルキなんだよね…」

　私は、タカとショウが修学旅行のホテル班に入っていることを、クラスの氏名単票で確認します。

私「ケンイチくんには仲間がたくさんいるんだね。みんな、ケンイチくんが学校に出て来るの待っているでしょ？」

ケンイチ「うん。ユウトは家が近いから、ずっと毎朝迎えに来てくれているんだ…。中２のときに２人で一緒に総合博物館に遊びに行ったこともあるんだ」

私「そう。ユウトくんも友だちなんだね！　ユウトくんも同じ部屋になっていて楽しそうだね。自主研修班のアヤカさんとマユさんは？」

ケンイチ「いや、話せるよ。同じ班でうれしいよ」

私「クラスで苦手だと思っている人いる？」

ケンイチ「いやあ…、いません…」

私「そう？　ちょっと嫌だなと思う人なんかは？」

ケンイチ「う…ん、やっぱりカズヤとかダイキたちかな？」

担任「うん。そっか…」

私「一緒にいて話ができるのはタカくんとショウくん、ユウスケくん、ハルキくん。ユウトくんは朝の通学仲間ね。自主研修班のアヤカさんとマユさんとも話せる。ちょっと嫌な感じはカズヤくんとダイキくんね。この人たちに明日集まってもらって、ケンイチくんが修学旅行に行くことができて、前みたいに楽しく学校にも行けるようになることを相談してみようと思うんだけど、どうかしら？」

ケンイチ「うん…。カズヤたちは…どうかな？」

担任「いやあ…大丈夫だ。話し合いには出てくれると思うぞ。彼らもけっこう優しいんだぞ。あはは…」

　３人で相談した結果、修学旅行の自主研修班のマユとアヤカにも入ってもらい、サポートグループのメンバーをこの９人に決めました。

私「じゃ、１週間後にまた私たちが家に来るときまでに、何かあったら連絡してね。それと、何か少しでも今より楽しかったこと、うれしかったこと、『こ

れハッピー！』と思ったこと、どんな小さなことでもいいから、メモしておいて教えてほしいの。どうかな？」
ケンイチ「わかりました。書いておきます」
私「修学旅行、行こうね。もっと楽しくて良い状況になりますからね。ほかに話しておきたいことはあるかしら？」
ケンイチ「うん。行けそうな気になってきたよ」
私「そう。じゃ、また来週来ますね」
　来週会うことを約束して面談を終えました。

ステップ3
サポートグループ会議（初回）
〜サポート活動のプランニング〜

　ケンイチとの面談の翌日、名前のあがった9人に、担任から「ケンイチくんのことで相談したいことがあるから、放課後、保健室に集まってほしい」と連絡をしてもらい、全員が保健室に集まりました。担任は不在です。
私「みんなも知っているように、ケンイチくんが学校に来れていませんよね？　お母さんが学校に相談に来られたので、昨日、担任の先生と私でケンイチくんの家に行ってきました。本人は修学旅行にも行きたいし、学校にも来たいと言っています。そこで、ケンイチくんのそばで力になれるのはあなたたちしかいないと、ケンイチくん本人もお母さんも私たちも思っているの。ケンイチくんのことを一番知っているし、願いを叶えられるのもあなた方しかいないと思い、集まってもらったの。どうかしら？」
　私がそう話すと、すぐに反応してくれたのが、ケンイチのことを一番心配していたタカとショウでした。
タカ「今日、部活がないので、帰りにケンイチの家に行ってみます」
ショウ「僕もタカと一緒に行きます」
　修学旅行の同じ班のメンバーも発言しました。
ユウト「じゃ、僕も一緒に行く」
アヤカ「じゃ、私たちも一緒に行ってもいい？」
マユ「じゃ、じゃ、私も行く！　修学旅行、一緒に行こうって誘うわ」
　5人が帰りにケンイチの家に寄って帰ることになりました。5人は帰りの時間を合わせ、とても楽しそうに盛り上がっています。私もみんなの姿を見てうれしくなり、「それはすごいね。きっと喜ぶと思うなあ…。なんかワクワクしてきました！」と言うと、みんなからも笑い声が上がりました。
　さらに、提案が続きます。
ユウト「僕は、ケンイチが朝、顔を見せてくれない日も毎日迎えに行っている

から、これからも続けるよ」
私「小学校のときから毎朝必ず寄ってくれていると、ケンイチくんのおばあちゃんがありがたいって、ユウトくんに感謝していましたよ！　欠かさず毎日続けることは、なかなかできないことですよ。すごいね！」
ハルキ「僕は部活が同じで、ケンイチはまだやめていないから、電話で誘ってみようかな？」
私「うん。いいと思うわ。いつ電話するの？」
ハルキ「２、３日中にはするね」
　カズヤとダイキは何も言わずに、２人でコソコソおしゃべりしていました。私は「部活もあるのに、来てくれてありがとうね！　私は２人が来てくれただけでとてもうれしいです」と伝えました。カズヤとダイキは「俺たちも考えておくね」と言ってくれました。私は「あなた方が力になってくれたらケンイチくんも喜ぶな…。何かできそうなことがあったら、あとでもいいから私に教えてね」と言って、何もアイディアを出さないことには触れず、ケンイチのために何かしたくなったらいつからでも行動していいことを伝えました。
　ほぼ全員から、この１週間でできそうなことのアイディアを出してもらったら、「タカくん、ショウくん、ユウトくん、アヤカさん、マユさんは学校の帰りにケンイチくんの家に行ってくれるのね？　ハルキくんは電話で部活に誘ってみるのね？　カズヤくんとダイキくんは、できることを考えておいてくれるのね？」などと確認しながら、みんなに見えるようにサポートグループ会議の記録用紙に書いていきました。
　そして最後に、「今日は本当にありがとう。きっとケンイチくんも喜ぶと思います。そしてみんなの作戦がうまくいくことを願っています」と伝え、様子を聴かせてほしいので１週間後にまた集まってもらう約束をして終わりました。

ステップ4
サポートグループによるピア・サポート活動

　初回のサポートグループ会議のあと、メンバーはそれぞれ自分たちで考えたサポート活動を実行していたようです。
　この１週間に、タカとショウは何度かケンイチの様子を伝えに私のところに来てくれました。ユウスケは毎日、誰がどんなことをしてケンイチがどんな様子なのか、自分が知り得る限りの情報を伝えに来てくれました。私は彼らの話を聴き、友だちを思う気持ちや責任感、集中して取り組んでくれる彼らのすべてに惜しみないコンプリメントをしました。
　あるとき、「ユウスケくんは、本当に素敵で素晴らしいと思うわ。サポートしようという気持ちはどこからくるの？」と聞くと、「自分も小学校のときにいじ

められたことがあったから。ケンイチが嫌なことを言われているのを見てから、自分も嫌な気持ちでいたんです。だから助けたいんです。学校で僕たちと楽しく過ごしてほしいと思っています」と話してくれました。

保護者との2回目の面談

　5月第4週、ケンイチの母親は、仕事の時間を調整して2回目の面談に来ました。ケンイチが父親から譲ってもらったカメラを持って修学旅行に行く気満々になっていることや、タカとユウトと約束をしたから学校にも行くと言って明るく話していることが、とてもうれしいと母親が話してくれました。スケーリングで評価してもらうと「3」ということでした。「あと1つ上がったら、どうなっていますか？」という私の質問に、母親は「毎朝、いつまでも起きてこないケンイチを起こすときの親子ゲンカがなくなり、私が起こさなくても自分でさっさと起きて学校に行く準備をし、すぐに登校していること」という解決のイメージを描いていました。

　母親は、夜の就寝時間を早めるために、寝るときに自分が一緒に部屋に入ることや、起床を促すために朝は早めに起こして、ケンイチの好きな朝食の準備をするように自分も頑張ると話し、自ら行動課題を持ち帰りました。

　私は、ケンイチの状況はもっともっと良くなるので、良くなったことをまた教えてほしいと伝え、面談を終わりました。

ステップ5
サポートを必要とする子どもとの面談（2回目以降）
～振り返り～

　5月第4週、2回目の家庭訪問も、担任と一緒に行きました。ケンイチからは開口一番、先週、タカとショウたちの5人と、アヤカの友だちのバスケ部の女子3人も一緒に家に来て、あまりの大人数で驚いたと、うれしそうに報告がありました。

ケンイチ「修学旅行で乗る特急臨時列車はどこを走るんだろう？」
担任「わからんな。行かなきゃだめだな」

　ケンイチは、続けて、タカに修学旅行の自主研修のコースを教えてもらったこと、時間割も毎日教えてもらっていること、ユウトも毎朝迎えに来てくれることを教えてくれました。

ケンイチ「マユに『頑張って学校に来い』と言われてうれしかった。バスケ部
　　　　　も来てくれて、みんなと話していると学校に行きたくなるんだけど、朝にな
　　　　　ると行けなくなるんです」

そう話すケンイチは、不安げでした。私が、「1から10のスケールで、最低最悪の状態を『1』、こうあってほしい状態を『10』としたら、今の状態はいくつですか？」と聞くと、ケンイチは「7」と答えました。
私「今より数字が1つ上がったら、今とどんなことが違っていますか？」
ケンイチ「保健室に行ってもいい？　教室には無理…」
私「OKです！　いつごろから来られそう？」
ケンイチ「明日から」
私「了解です。待っているね。でも、無理しなくて大丈夫だからね。あまり頑張りすぎないことも言っておくからね」
　最後に、「1週間後にまた会いにくるときまでに、何かあったら連絡してほしいこと、それと、何か少しでも今より楽しかったこと、うれしかったこと、『これハッピー！』と思ったこと、どんな小さなことでもいいからメモしておいて教えてくださいね」と言って面接を終わりました。

ステップ6
サポートグループ会議（2回目以降）
〜振り返りとシェアリング〜

　2回目のサポートグループ会議では、朝迎えに行ってもケンイチは玄関に出てこないこともあること、夕方は部活が終わったらタカが必ず家に寄って時間割を伝えて帰っていること、学校帰りに寄ると部屋で機嫌よく笑って話したり、ゲームをしてみんなで遊ぶこともあることなどが報告されました。アヤカとマユも、バスケ部の友だちを誘って女子4人で学校の帰りに寄って、おしゃべりしていることが報告されます。
　何も行動していないもののサポート会議にはちゃんと参加するカズヤとダイキにも、私は「カズヤくんとダイキくんも、部活や委員会活動もあるのに来てくれて本当にありがとうね。いてくれるだけで力になっているからね」と、存在を認めコンプリメントします。
　私は、「月曜日にケンイチくんのお母さんとお話ししました。みんなが家に来ていろいろ働きかけてくれていることを、留守番に来ているおばあちゃんからも聞いてとっても喜んで感謝していました。昨日、ケンイチくんとも会ってきました。みんなが一生懸命働きかけてくれているので、もうすぐ保健室に来られると思います。本当に、私もみんなに心からありがとうの気持ちでいっぱいです。ケンイチくんが学校に来るのが楽しみですね」と伝え、もし学校に来たら何をしようか、みんなで自分たちができそうなアイディアを話し合って終わりました。

ステップ7
サポートの必要性の有無を確認

——**ケンイチの保健室登校始まる**

　ケンイチとの2回目の面談とサポートグループ会議が終わった週の金曜日、ケンイチは朝からユウトと一緒に保健室に登校しました。3時間目まで保健室で過ごし、私と鉄道の話をし、持って来た写真を見せてくれました。

　4時間目に担任が保健室にケンイチの様子を見に来室しました。そして「どうだ？　次は俺の授業だぞ。出てみないか？」と誘いました。ケンイチは意外にあっさりと「いこーかな？」と言って、自分の鞄を持ち、タカ、ショウ、ユウト、ユウスケ、ハルキたちサポートグループに囲まれて教室に行きました。

　給食時間も教室で過ごしましたが、昼休みは「教室はうるさいから疲れる」と言い再び来室します。一緒に来たタカとショウは「次どうする？　行ける？」とケンイチに聞いてくれます。さすがに疲れた表情で「ここにいるわ」と答え、5時間目は保健室で休みました。休み時間になると、またメンバーたちが来てくれて、「次は修学旅行のことやるよ。行けそう？　どうする？」と必ずケンイチの意思を尊重するように聞いてくれます。疲れた様子は抜けませんが、「いこーかな？　先生、行ってくるわ」と言って、サポートグループのメンバーと教室に戻っていきました。

　サポートグループのメンバーは、みんなで、時には1人で、付かず離れずケンイチの様子をよく見て、ほどよくサポートしてくれる様子が伝わります。

——**ケンイチ、修学旅行に参加する**

　5月第5週の朝、大きな荷物を抱えて修学旅行に参加する元気なケンイチの姿を、私はあえて遠くから見守ることにしました。こうして、3泊4日の修学旅行も無事に終え、たくさんの写真をお土産に帰ってきました。

——**サポートグループの解散**

　ケンイチが教室に復帰し、修学旅行が終わった6月第1週、アヤカとマユが「私たちはもういいね？」とみんなに確認し、ケンイチが毎日登校するようになったので、サポートグループは解散しました。

　それでもケンイチは、もともと仲間だったタカ、ショウ、ユウト、ユウスケの4人の誰かと一緒にいる様子でした。

　「サポートグループが解散なんて…。なんだか保健室に来る用事がなくなったら寂しくなった。またやりたいなあ」とユウトがグループの解散を惜しむと、「僕たちは何も変わらないよ」とタカが言います。ショウが「そうだよ。だってもともと友だちなんだし、これからも仲良くしていこう」とお互いの友情を深めていく約束をしていました。

　サポートグループは、保護者も本人もサポートする誰もが「もう大丈夫」と

確認したら解散し、活動はいったん終了です。

　その後、学校を休みがちになりそうなケンイチでしたが、あえてサポートグループを結成せずとも、4人のメンバーが必ずサポートする姿がありました。クラスの雰囲気が元気のある賑やかな雰囲気だったため、時折、保健室で羽を休めながら、ほぼ毎日登校し、卒業していきました。

事例のポイント

　仲間との修学旅行を目前にしてちょうど良いタイミングで、勇気を出して担任と母親が自主的に相談に来てくれたことが、ケンイチが学校復帰する大きな変化の機会となりました。スタート時点で、担任が相談に来てくれた行動、母親が相談に来てくれた行動を必ずコンプリメントし、関係者みんながつながり、協力・連携できるような人間関係づくりをしていくことが、いかなる場合でも大切なポイントになります。

　さらに、ケンイチのサポート活動において、サポートグループのメンバーが修学旅行で同じ班であったこと、部活動の仲間を誘って一緒に行動したことが、行動しようと思うケンイチのモチベーションを高めました。大人とのどんな深い絆よりも友だち同士、仲間との交流が、本人の変化を生む大きな力となることは言うまでもありません。

③ 発達障害
発達障害の二次障害で集団に適応できなかったアキコの事例

対象生徒：アキコ（中学2年女子）
支援期間：中学2年6月中旬～中学3年3月下旬（1年9か月）
不登校期間：小学2年2学期～小学6年　中学1年5月～中学2年3月
登場人物：母、担任、ルミ、ユイ、カノン
問題の概要と経過：アキコは、小学校1年生から登校しぶりが始まり、小学2年生の2学期から不登校になりました。中学入学後は1か月間登校しますが、5月ころからまた不登校になります。

　中学校では、不登校の間は、担任の定期的な家庭訪問を受け、週に何日かは学校適応指導教室に通級していました。不登校になったきっかけは不明ですが、心療内科で「広汎性発達障害（自閉スペクトラム症）」という診断を受けたことなどから、発達障害の二次障害で集団に適応できなかったと思われます。心療内科に定期通院しています。

　アキコが中学2年生の6月中旬、母親が他機関からの紹介で私のところに相談に来ました。

ステップ ゼロ
Let's サポートグループ・アプローチ！

　母親との面談を行う前に、担任を中心に、学年教職員と、アキコについてのアセスメントと支援方法を話し合いました。これまでの担任の支援に加えて、サポートグループ・アプローチを使って取り組むことの共通理解を得ました。

ステップ1
保護者との面談

　6月第3週、保健室において、担任同席で、アキコの母親と面談を行いました。父親は多忙で不在がちなうえ、不登校の娘に対し理解が浅く、母親の養育に厳しい評価をなさっていたため、母親は大変苦しんでいる様子でした。そんな母親の長期間にわたるご苦労に対し、心からコンプリメントし、お話を傾聴しました。

　そして、過去の問題や不登校の原因などには言及せず、母親が新たな解決を構築するため、「どうなりたいのか」「どうなれば良いのか」などの解決のイメージが具体的に描けるよう一緒に考えていきました。

　面談の途中、スケーリングを使い、「想像できる限りで一番つらかったときを『1』、まあ、そこそこ良いと思えるときを『10』としたら、今はいくつですか?」と聞くと、母親は「5」と答えます。理由は、「今まで娘の不登校に対して厳しい態度だった父親が、広汎性発達障害と診断されたことで娘と自分にも理解を示してくれるようになり、優しくなりました。そして、自分の気持ちがとても楽になりました。アキコも最近は、調子のいいときはカレーライスやクッキーをつくるなどして、部屋に引きこもったり癇癪を起こしたりせずに、機嫌よく過ごしているのでホッとしています。家族は5人いますが、アキコのことをよく理解してくれる姉との関係が最も良いです。アニメの話をしたり一緒に外出してくれたりするので、私はとても救われます」と話してくれました。

　私は「『5』から1つ上がって『6』になったら、今と何が違っていますか?」と聞くと、母親は「アキコが毎日外に出ていることです。それと、学校に行き、同じ趣味を持つ友だちと話したり、遊んだりしていると思います」と答え、「まずは1日でも数時間でも、学校に行ってくれること」を願っていました。

　アキコの日常は、1日の大半を1人で過ごし、パソコンでネットサーフィンをしたり動画でアニメを見たり、漫画本を読んだりしていました。朝10時過ぎに起き、深夜に就寝するという昼夜逆転に近いため、食事は1日2食という不規則な生活を続けていました。家族との外出は可能で、時折、母親や姉と買い物やカラオケ、外食、ライブなどへ行くことができるようでした。母親からアキコの理解につながる情報やリソース(援助資源など)についてたくさん聴くことができました。

　本人に会うため、翌日、担任と一緒に家庭訪問することを伝え、面談を終わりました。

ステップ2

サポートを必要とする子どもとの面談（初回）
～サポートグループのメンバーを特定～

　母親との面談の翌日、担任と一緒に家庭訪問をしました。2年生になって担任も替わり、私とも初対面でしたので、アキコは極度に緊張している様子で、顔面にチック症状が激しく見られました。体格はいいのですが、気力や覇気に欠け、表情は乏しく言語表現がとても苦手でした。

　私は母親から得たリソースや情報をもとに、さらにアキコのリソースや支援の可能性を探りながら、好きなテレビ番組やアニメ、アイドルユニットなどの話を聞いていきました。最初は小さな声で「はい」「いいえ」しか言わず警戒している様子でしたが、次第に表情が和らぎ、アニメのキャラクターグッズを部屋から持って来て私たちに見せたり、アイドルのCDを貸してくれる約束をするなど、とても打ち解けてくれました。

――サポートグループのメンバーを特定・1

　私は、アキコに学年の氏名単票を見せ、「学校にしばらく来ていないけれど、同じ学年の中で誰か話している人はいるかな？」「同じ学級で話せると思う人はいるかな？　苦手だな…と思う人は？」と聞くと、顔をいっきにくもらせ、下を向き、沈黙してしまいました。同席していた母親から、本人に代わって、関係する学年の女子の名前が何人かあがりました。私はアキコに、「無理に答えなくてもいいのよ」と言いました。

　母親から、アキコは料理が得意で、よくお菓子を焼いていることが話され、「クッキーを焼いて学校に持って行ったら？」と提案がありました。アキコは静かにうなずいて了承してくれました。

　最後に、1週間後にまた会うときまでに、今の状況より良かったこと、楽しかったこと、うれしかったことなど、どんな小さなことでもいいからメモをとっておいて教えてほしいと、母親とアキコに伝え、面談を終わりました。

――アキコ、保健室に登校する

　6月第4週、アキコとの面談から6日後の朝、突然母親から、「これから保健室に登校させてもいいでしょうか？」と電話が入ります。そして、他の生徒に会わないような時間帯を見計らって、母親が車で送ってきました。

　アキコは恥ずかしそうにしながらも、約束どおりにクッキーをつくって持って来てくれました。そこで、ティータイムとして、担任も同席し、アキコの勇気や頑張りに対しコンプリメントしました。1年生のときの旧担任や教科担当だった教職員も来室し、喜びを伝えると、アキコは笑顔を見せました。

　その後、アキコは、12月の2学期終業式まで、2日に1回のペースで、朝8時半ころに保健室登校し、14時前後に下校していました。保健室では、私の仕

事を手伝ってくれたり、授業が空いている教科担当と一緒にプリントで学習に取り組んだり、家庭科が得意なのでマフラーを編むなどしていました。それ以外は、本を読み、積み木ブロックや漢字ブロックで四文字熟語をつくるなどの特定の行動に没頭していました。しかし、廊下で声がすると、不安げにそわそわと落ち着かない様子で、保健室の隅に姿を隠していました。

アキコは帰宅すると必ず「家に着きました」というメールを私に送ってくれました。ほかのことも、メールを使ってコミュニケーションがとれました。

11月初旬ころには、それまでは母親の車で送られて登校していましたが、自分で往復徒歩通学もできるようになりました。また、空き時間の教職員が交代でさまざまな学習や作業などの支援を継続していった結果、特定の大人とのコミュニケートができるようになり、職員室での軽い会話のやりとりや、図書室に行ったり、誰もいない体育館でバドミントンをするなど、活発とまでは言えないものの、行動範囲が広がっていきました。

——**サポートグループのメンバーを特定・2**

3学期が始まっても、アキコの保健室登校は続いていました。

保健室やメールで、アキコの描く解決像、ゴールがどうなっていればよいのかなどを一緒に考えていくうちに、アキコは「今のままの自分ではだめで…、何とかしようと思っている」「普通に話せて、みんなと同じようになりたいと思っている」と言うようになりました。「『みんなと同じように』って、どうなっていること？」と私が聞くと、アキコは「うう～ん、よくわからないけど…」と答えました。

2月の第1週、「そろそろ、サポートグループをつくって、同学年の子と話したり、給食を一緒に食べたりしてみるのはどうかな？」と提案し、「誰とだったら話せる？　誰か仲良くしたいと思っている人は？　誰と一緒に給食を食べたい？」と、メンバーの特定の相談をしてみました。すると、「ユイさんかな。前にメールをくれたことがあるし…。ルミさんは1年生のときに一緒にいたから大丈夫かな…」と、2人の名前があがりました。

アキコと相談の結果、アキコが名前をあげた2人と、その2人と仲のいいカノンの3人に保健室に来てもらい、お話をしたりすることになりました。

ステップ3

サポートグループ会議（初回）
～サポート活動のプランニング～

2月の第2週、保健室で、担任同席で、ユイ、ルミ、カノンで、サポートグループ会議をしました。3人に来室してくれたことに感謝の意を表し、話しやすい雰囲気で関係づくりをするために、まず、3人が共通して大好きなアイド

ルの話題で数分雑談しました。

　3人は、アキコが長い間学校に来られなかった理由や、保健室でどんなふうに過ごしているのかなどに興味を示し、少し話しました。そして、「本人は、みんなと同じように楽しく過ごせるようになりたいと思っていて、アキコもアキコのお母さん、担任、私も、あなたたち3人の力をとっても必要としています」と伝えました。

ユイ「アキコと長い間、話していないし…、共通の話題がないから、話をするの厳しいかも…」

ルミ「アイドルユニットの話くらいはできるんじゃない？　アキちゃんも私たちと同じアイドル好きだったでしょ？」

カノン「でもうまくいくかな？　私、小学校のころ、突然『ばか！　大嫌い！』ってアキコに言われて、驚いてすごいショックを受けたことがあったよ」

ルミ「なんとかなるよ。1人だと厳しいけれど、とにかく3人いればつながる、つながる！」

　ユイとカノンは自信なさそうでしたが、ルミが明るくポジティブに取り組みを表明してくれました。私は即、コンプリメントし、私や担任も必ずそばにいるから安心して交流してほしいことを伝えると、「ちょっと緊張するね」と言いながらも、サポートグループを結成することにしました。「アイドルユニットの話で盛り上がろう」「給食のときも4人で一緒に食べよう」「勉強の話も少ししたほうがいいのかな？」などのアイディアを出してくれて、さっそく行動してくれることになりました。

ステップ4
サポートグループによるピア・サポート活動

ステップ5
（アキコの様子）

　翌日の休み時間に、3人がアキコのいる保健室にやってきました。

　3人はアキコに、アイドルユニットや学級の話を持ちかけました。アキコは、積み木を触りながら無表情で、「う、うん」「あ…いや、それは…」と小さな声で緊張気味にかろうじて答えていました。

　給食時間が近づくと、アキコは保健室の相談コーナーの陰に逃げ込み、隠れてしまいました。私が「どうしたの？　一緒に食べないの？」と聞くと、首を縦に振ります。3人が来て「一緒に食べよう」「話をしよう」などと声をかけても、この日は相談コーナーから出てこられませんでした。

　しかし、帰宅後アキコからメールがあり、「久し振りのクラスの友だちとの会

話にとても緊張したけど、またみんなと話したいです」と書いてありました。

ステップ6
サポートグループ会議（2回目以降）
～振り返りとシェアリング～

　サポートグループのメンバーは、
「久し振りに会って話ができてよかった。小学校のときのアキちゃんを思い出したね」
「でもやっぱり、アキコとの会話は難しい」
「一緒に給食を食べることはできなかったけど、また3人でアキコのためにできることを考えてみますね」
「保健室に登校したら教えてください」
と、意欲的に話してくれました。そんな友だちを思う温かな気持ちや働きかけに心から感謝をし、コンプリメントしました。
　こうして、何回か、アキコとメンバー3人は保健室で交流を続けました。

ステップ7
サポートの必要性の有無を確認

――「1人になれる場所が欲しい」

　アキコは、給食の食器を下げに配膳室を往復するときなどに、メンバー以外のクラスの友だちと顔を合わせることが時折あり、話しかけられることもありましたが、そんなときには私の後ろに隠れ、無言で逃げるように保健室に駆け込み、交流を嫌がる様子がありました。
　私や教職員など大人とのリレーションは良好でしたが、子ども同士のかかわりを苦手とする様子や、保健室に私がいないときは、自分で中からドアに鍵を閉めるなどの不安症状は、2学年が修了するころもあまり改善がみられませんでした。そして、異学年の女子の保健室登校を1人受け入れ、保健室が騒々しくなったころから、アキコの欠席が続き始めます。
　3月上旬、母親との面談の中で、「保健室は人が来るから、1人になれる落ち着いた場所が欲しい」という本人の意向が伝えられ、対人恐怖心性の高さと過敏症も持ちあわせていることなどもふまえ、母親、担任と相談し、3年生の新学期から特別支援学級（情緒学級）に移籍することとなりました。

――アキコとサポートグループの変化

　特別支援学級に移籍したあとも卒業するまで、サポートグループの3人は、

変わらずアキコが登校したときには休み時間などにアキコの教室に行き、話をしたり、時には一緒に給食を食べたり、遊びに誘うなどのつながりを維持し、交流を深める働きかけを続けてくれました。

担任をはじめスクールカウンセラーを含めた関係職員と連絡・連携をとり、サポートグループや異学年の不登校の子どもたちとの交流の機会を多く設けたり、母親やアキコ本人との面談も継続していきました。その結果、アキコは少しずつ、子ども同士の交流ができるようになりました。うれしそうに自信を持って調理するアキコの姿や、絵を描く姿、異学年交流している姿を見ることができました。

アキコが、異学年の不登校傾向にある子どもたちに「調理実習お誘い」の手紙を書き、中心となって3人で調理実習をすることもありました。料理の仕方を教えたり指示をしたり、洗い物や片付けを一緒にするなど、サポートされていたアキコからサポートするアキコへ成長する姿が見られました。

「うるさいのは嫌…。1人になりたい」というアキコの望みを尊重し、特別支援学級に移籍となりましたので、私たち学校関係者が望む学級復帰にはなりませんでしたが、サポートグループのメンバーの3人は、卒業までの間、仲間として自主的にアキコとの温かな交流を続けてくれました。

アキコは幼児期から対人関係が苦手で、興味の限界があるため、人との共通話題も少なく、不登校も長期化してしまったのですが、卒業が近づくにつれてサポートメンバーの3人や自分と同じ不登校傾向の2人と、明るい表情で話す姿が見られるようになりました。学校でのサポートメンバーたちとのかかわりによって、緩やかに日々成長・発達してきたことがわかりました。

　　　　　　　　　　＊　　　　　　　　　＊

長期サポート支援になり、システマティックなアプローチであったとは言い切れませんが、サポートを必要とする子どもにも、サポートするメンバーにも、"コンプリメントシャワー"でその存在自体を認め、肯定的なフィードバックで心理的に支える存在に私たちがなり得たときに、子どもたちもまた、期待に応えようと自分たちの持っている力を発揮し、努力してくれるものだと言えます。

サポートグループ・アプローチは、本人の意思や望みを尊重しつつ、問題や原因を深く掘り下げたり直接介入をしたりしないので、問題をさらに複雑・深刻化させることがなく、関係者にとって安全な介入方法だと言えます。いじめや不登校などの問題への適用にとどまらず、子どもたちの成長発達に大きな貢献を果たす方法だと言えるでしょう。

④ 小学校編
保健室登校から教室復帰したダイチの事例

対象児童：ダイチ（小学2年男子）
支援期間：小学2年2月下旬～3月下旬（約3週間）
不登校期間：小学2年1月中旬～2月上旬
登場人物：母、教頭、担任、校長、養護教諭、ダイチ、アキラほか4人、ユキ、エリ、学級の保護者
問題の概要と経過：幼稚園のころは、遊びグループの中心で友だちを盛り上げては戯け、友だちに怪我や迷惑をかけるのではないかと担任や母親が心配するほど、元気いっぱい、やんちゃな子でした。

　小学校入学後、仲が良かった友だちが野球を始めたので、一緒に遊べなくなりました。そして、成長とともに関係に変化が起き、遊びグループの中に言動がきつく、面と向かってダイチに文句を言ったり意地悪なことを言う友だちが増えてきました。本人はときどき「やだな…恐い」と周囲につぶやくことが増えていき、徐々に以前のような元気を失っていったようです。

　妖怪ウォッチのゲームで遊んでいたとき、そんなダイチに追い打ちをかけるかのように、大好きな友だちから「点数低い奴を外す！」とショックなことを言われました。そのことがきっかけとなり、2年生の3学期始業式の直後から学校を休み始めます。担任や管理職が即日家庭訪問をしたので再び登校しますが、教室には行かず保健室で1か月ほど過ごしました。保健室には、クラスの子どもたちが出入りし、ダイチに声をかけたり、遊びに誘ってくれるので、明るい笑顔も見られます。

　学校は、担任をはじめ、養護教諭とおもに教頭が本人の対応にあたり、コミュニケートしラポール形成に努めました。そのほかにも校長や関係する教職員の数人がチームとなって支援を続けてきました。その誰もが「もう教室に戻れる」と判断しますが、本人は、なかなか学級集団に戻れません。

校長が「どうなりたいの？」と解決象/ゴールを聞くと「このまま保健室にいるつもりはない…教室には戻りたい…」と答えました。そこで、保健室登校になってからかかわりが深くラポール形成ができている教頭が主体的実践者となり、母親に了解をとり、サポートグループ・アプローチを試行することになりました。

ステップ2

サポートを必要とする子どもとの面談（初回）
～サポートグループのメンバーを特定～

2月下旬、教頭は、ダイチとの面談を行いました。教頭は、学校で元気のないダイチのことを、クラスの友だちや担任、養護教諭、先生方、母親も、まわりにいる人たちみんなが心配していることを伝えました。そして、担任や養護教諭以外で、ほかに誰がダイチの助けになるか知っておきたいことと、その子たちにもチームを組んで協力してもらおうと思っていることを話しました。

教頭「ダイチくんが、この人と一緒にいたら楽しいな…って思う人は誰かな？」
ダイチ「アキラくんだよ……」
教頭「そう…、アキラくんなんだね。じゃあ、ほかに誰がダイチくんの助けになるかな？ 『嫌だな…、恐くて苦手だ』と思う人はいるかい？」
ダイチ「いないよ…。言いたくない…」
教頭「心配しなくていいんだよ。ダイチくんが困るようなことは絶対しないから。誰が助けてくれそうか知りたいだけなんだ」
ダイチ（小さな声で）「アキラくん…」
教頭「そう…。一緒にいたら楽しいけど、今は苦手なのがアキラくんなんだね」
ダイチ「そうだよ…」

教頭が「ダイチくんが『嫌だな…』と思うときに、まわりにいる人たちって誰かな？」と聞くと、以前の遊びグループのメンバー4人の名前があがりました。教頭は、みんなの名前をしっかり書きとめながら「ほかにいないかい？ ユキちゃんとエリちゃんなんかも、家が近くて前は一緒に来ていたよね？」と問いかけました。

ダイチ「うん。たくさん話すよ」
教頭「サポートグループに入ってもらおうか？」
ダイチ「うん！」

教頭は、サポートグループのメンバーを特定するために、時間をかけて丁寧にダイチに聞いていきました。そして、「これからこの友だちに会って、ダイチくんが学校でもっと楽しくなるために何かできないか、アイディアを聞いてみるからね！」と言うと、ダイチは「絶対みんな何もないって言うよ。だってみんな意地悪だから…」と、泣きそうになりました。

「大丈夫だよ！　教頭先生が声をかけたら、みんなダイチくんのために力貸してくれるぞ！　楽しみだな。ダイチくんも何か良いことあったら覚えておいて教えてくれよ。どんな小さなことでもいいからね」と伝えて面談は終わりました。

ステップ3
サポートグループ会議（初回）
～サポート活動のプランニング～

　放課後、ダイチとの面談で名前のあがったアキラたちに教室に集まってもらいました。担任が同席しました。

　メンバーには、まず、放課後残ってくれたことに対し感謝の意を伝え、ダイチが、今は教室に来られてないけれど、教室に行こうと頑張っていることを話しました。そして、ダイチが元気に笑って学校で過ごせるように、ダイチ本人だけでなく、担任、養護教諭、先生方、ダイチの母親などが、ここにいる「みんなの力」を必要としていることを伝えました。

　教頭が「ダイチくんが学校で楽しく過ごせるように、みんなができる小さなことで、何か素敵な良いアイディアはないかな？　小さなことでいいんだよ。教頭先生よりみんなのほうがダイチくんのことはよく知っているよな？」と聞くと、アキラが真っ先に答えました。

アキラ「保健室に行って、『元気？』って声をかけてやるよ！」

　そして、アキラが張り切ってグループの中心となり相談をしてくれた結果、「クラスのみんなにも呼びかけて手紙を書く」「毎日、家に帰ったら6時半に電話する」「工作をつくってプレゼントする」「いつもどおり一緒に遊んであげる」「教室で宝探ししよう！　そしたらダイチが教室に宝探しに来る」「毎朝一緒に学校に来る」などのたくさんのアイディアが出ました。

　教頭は次々にみんなの提案をしっかり書きとめ、一人ひとりにコンプリメントし、いつ、誰と実行するのかを聞いたり、何と言って渡すのかを聞いたり、子どもたちが実際に行動できるように支え励ましました。担任や教頭も、サポートグループのメンバーみんなと一緒に協力すると約束しました。

教頭「とっても楽しくなりそうだね！　このグループの作戦はきっと成功すると思うな。みんなが協力してダイチくんの力になってくれようとしているのが、私たちはとってもうれしいし、心からありがとうって感謝しています。みんながどんなサポートを試してみたか教えてもらいたいから、1週間後に、またサポート会議を開きたいんだけどいいかな？　みんなからの話を楽しみにしています」

保護者会開かれる

　　サポートグループを結成して子どもたちの本格的な取り組みが始まった３月上旬ころ、ＰＴＡの学級役員であるアキラの母親が中心となり、保護者会が開かれました。ダイチの保護者は出席していません。保護者会では、ダイチが学校に来られないのはどうしてなのか、誰かがいじめているのではないかと、悪者探しをするような険悪な雰囲気で始まりました。

　　そこで、管理職から、サポートグループ・アプローチという方法で取り組み始めたという説明が行われました。サポートグループのメンバーがダイチのために自分たちができる素敵なアイディアをたくさん出し、それぞれの子どもたちが友だち支援に取り組み始め、ダイチももうすぐ教室復帰できそうな良い変化が生じていることが報告されました。

　　担任からは、参加している保護者の子どもたちが活躍する日常の様子などが報告され、保護者会は一転して和やかな雰囲気になりました。中心となっているアキラの母親が「もしかしたらうちの子が何かしているのかもしれないから、帰ったら息子と話してみます」と言うと、子どもがサポートグループのメンバーになっていない保護者からも、ダイチのためにできることがないか、帰宅後、自分の子どもたちと話してみるという声も出て、会を閉じました。

ステップ４
サポートグループによるピア・サポート活動

ステップ５
サポートを必要とする子どもとの面談（２回目以降）

ステップ６
サポートグループ会議（２回目以降）

　　初回のサポートグループ会議のあと、１週間おきのダイチとの面談とサポートグループ会議をはさみながら、３週間にわたって、メンバーによるサポート活動が行われました。

　　ダイチにとって一番苦手だったアキラと４人のメンバーたちは、ダイチにたくさんの励ましの声をかけ続けました。メンバーやメンバー以外の子どもたちからの手紙を渡したり、休み時間には一緒に折り紙で動物を折ったり本を読んだり、時には体育館での遊びに大勢で誘ったりしていました。帰宅後は、いつ

もの「仲良しくんたち」でいつもどおりに遊ぶなど、さまざまなサポート活動を続けてくれました。

本人は、どちらかというと体育館遊びより、静かに保健室で一緒に過ごしてくれることを喜び、楽しそうに話をする姿が見られました。表情も一段と明るくなり、春休みを迎えました。

ステップ7
サポートの必要性の有無を確認

4月、3年生になり、クラスのメンバーはそのままでしたが、担任が替わった新学期、ダイチは何事もなかったかのように完全教室復帰を果たしました。

事例のポイント

この事例では、客観的な立場である管理職が主体的実践者となり、「うまくいっていないようなので、何か違うことをやってみましょう」というスタンスで、関係する教職員を巻き込んでサポートグループ・アプローチにチャレンジしたことがポイントです。

子どもたちや保護者が事態を改善する潜在的な力を持っていることに自ら気づき、行動できるようにそれを後押ししていくこのアプローチは、創造的であり、関係者全員に効果的な良い変化を起こし、良循環を生み出します。

この事例のように、ネガティブで否定的な感情から建設的な行動へと、注意を意図的に転換し、子どもたちや保護者が持っているリソースやスキルでどうしたらポジティブで前向きな行動がとれるかに焦点を当てることが大切です。問題を解決するのではなく、それを超えていくことです。

より深刻ないじめや不登校などの問題への対応は

改善しようとする試みがすべて失敗し、他の子どもたちの安全が深刻な危機にさらされてしまうような極端な事例では、校長が、保護者や警察を含めた専門機関と連絡・連携をとり、協議しながら対処していかなければならないでしょう。

学校が扱える範囲を超えるいじめや不登校などの問題で、ひどく傷ついて社会的な場面から完全に引きこもってしまったり、自傷の心配があるような子どもがいる場合にも、専門家につなげ、支援を仰ぐ必要があります。

＊本書の実践事例は、プライバシー配慮の観点から、内容を損なわない形で改変されていますことをお断りいたします。

【サポートグループ・アプローチ　ステップ2　記録用紙】

日付　　年　　月　　日

サポートを必要とする子どもとの面談（初回）記録用紙

氏　名　_____

1．解決のイメージ（解決像）

2．リソース探し⇒コンプリメント・成功の責任追及

3．ゴールの設定

4．・例外探し（解決のかけら）
　　・スケーリング

5．サポートグループのメンバーを特定
　付き合いが難しい、付き合いが苦手と思う人の名前

　そのまわりにいた人の名前

　友だち（これから話したり友だちになれそうな人）、サポートグループにいてほしいと思う人の名前

【サポートグループ・アプローチ　ステップ３、ステップ６　記録用紙】

第　　　回目　日付　　　年　　月　　日

サポートグループ会議 記録用紙

サポートを必要とする友だち（例：ケンくん）からの報告
例：ユウヤから電話が来て、学校に来たら一緒にいてくれると言ってくれた。ショウタは帰りに家に来てくれて、社会のノートを貸してくれた。シオンは軍艦の話を聞いてくれた。セアとカイは、朝、家の近くで待ち合わせしようって言ってくれた。他にも…

名前　ユウヤ　／　サポート：学校に来たら休み時間一緒に過ごして話す

電話で話すことができた。学校に来たら、一緒にいるよって言ったこととゲームの話で盛り上がった。ケンくん、すごい笑っていました。

名前　　　　　　／　サポート

名前　　　　　　／　サポート

名前　　　　　　／　サポート

名前　　　　　　／　サポート

名前　　　　　　／　サポート

名前　　　　　　／　サポート

名前　　　　　　／　サポート

※２回目以降のサポートグループ会議の記録は、このシートにサポートアイディアと報告を書いていきます。

【サポートグループ・アプローチ　ステップ3、ステップ6　記録用紙】

日付　　年　　月　　日

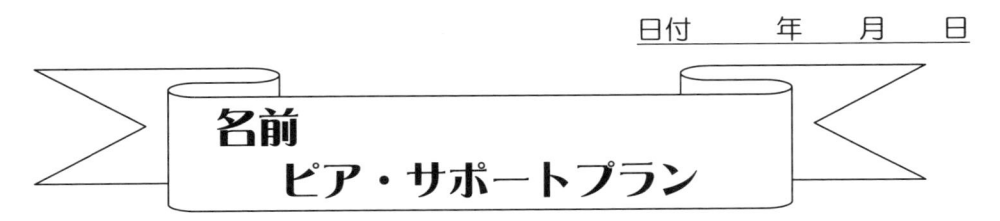

名前
ピア・サポートプラン

■友だちにしてもらってうれしかったことは、どんなことがあっただろう？
　自分は友だちにどんなことができそうでしょう？

　　　　　　　　　　　　さんへ

いつ

どこで

だれと

なにを

あとで思いついたサポート

私の願い
（こんなふうになったらいいな…）

【サポートグループ・アプローチ　ステップ5　記録用紙】

日付　　年　　月　　日

サポートを必要とする子どもとの面談（2回目以降）記録用紙

氏　名　_____

1．ハッピーだったこと（リソース探し＆コンプリメント＆解決のかけら）
　　□1週間の間で良かった、楽しかった、うれしかったことなど教えていただけますか？

2．スケーリング・クエスチョン
　　□1から10のスケールで、1は、考えられる最低最悪の状態、10はこうあってほしい状態として、今の状態はいくつですか？

　　□どんなことからその数だとわかりますか？

　　□1週間か10日後くらいを想像してください。さっきのスケールであなたはいくつであってほしいですか？

　　□その数値になっているとわかるとき、何が違っていますか？
　　　（どうなっていますか ／ 具体的に何がどう変わっていますか？）

　　□その数値になるのに、どんなことが役に立ちそうですか？

【サポートグループ・アプローチ　ステップ7　記録用紙】

サポートグループ・アプローチ　振り返り

　　　　　　　　　　　　　　　　　　　　　日付　　年　　月　　日

氏　名　＿＿＿＿＿＿＿＿＿＿＿＿＿＿＿＿＿＿＿＿＿＿＿＿

☆サポート活動でうまくいった、良かったと思うことは、どんなことから気づきますか？

☆サポートグループに参加して思ったこと、感じたこと、気づいたことなどを書いてください。

※サポートの進捗状況を把握し報告し合い、良いところを学び合いコンプリメントする。サポートを必要とする本人の願いを確認したうえで、グループで問題を共有化し解決に向けて話し合う。

【スケーリング・クエスチョン　ワークシート】

スケーリング・クエスチョン

☆1から10のスケールで
　10はあなたが求めている最もうまくいっている状態、
　1が想定できる最低最悪の状態としたら、今のあなたはいくつですか？

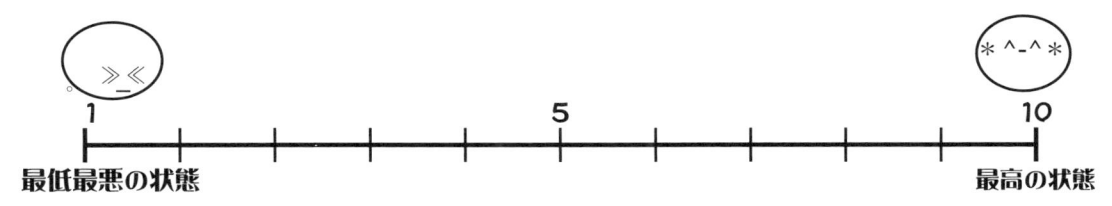

```
   1              5              10
   ├──┼──┼──┼──┼──┼──┼──┼──┼──┤
最低最悪の状態                      最高の状態
```

ア．その数字のわけを教えてくださいますか？
　　それは、どんなことなのか例を教えてくださいますか？

イ．それはどうやってその数にまでなったのですか？
　　（どうやってこれまでやってこられたのですか？）

ウ．何があなたにそれを続けさせる力を与えているのでしょうか？
　　（その力はどこから出てくるのですか？）

エ．今より数字が1つ上がったら、今とどんなことが違っていますか？

オ．そのために何かできそうなことはありますか？

【スケーリング・クエスチョン　ワークシート】

エナジーチャート

1．一番つらく落ち込んでいる最低最悪のときを**最小ハートの１**として、
最高にうまくいっている絶好調のときを**最大ハートの１０**とすると、
今のあなたのハートの大きさはどれくらいの大きさですか？
そしてそれは、**何色ですか？**「この大きさ！」と思う**ハートの大きさ**まで
あなたの心の色をぬりましょう。

２．あなたのハートがその**大きさのわけ**を教えください。

３．今のハートの大きさより、ワンサイズ大きくなったら、今と何が違っていますか？

４．ハートをワンサイズ大きくするために、ちょっぴりできそうなことはありますか？

５．感じたこと、気づいたことを書きましょう。

年　月　日　　年　組　氏名

〈参考文献　サポートグループ・アプローチ関連〉

菱田準子・八幡睦実（2013）「サポートグループ・アプローチの事例研究―いじめ発生後の回復過程におけるＰＡＣ分析を用いた中学生の態度構造」『ピア・サポート研究』第10号、1-10

長田清・黒沢幸子（2012）「いじめへのサポートグループ・アプローチ」『児童心理』第66巻、第3号、112-117

八幡睦実（2013）「サポートグループ・アプローチによる不登校事例への支援」『学校教育相談研究』第23号、18-25

八幡睦実（1997、2014）「いじめが原因で不登校になった生徒に適用する『サポートグループ・アプローチ』の実践事例」今井五郎・嶋﨑政男・渡部邦雄編『学校教育相談の理論・実践事例集　いじめの解明3』第一法規

Young, S.（1998）The support group approach to bullying in schools, *Educational Psychology in Practice*, 14, 1, 32-39.

Young, S.（2001）Solution focused anti-bullying, in Y. Ajmal & I Rees, *Solutions in Schools*.

スー・ヤング（2008）「小学校でのいじめの解決」ピーター・ディヤング、インスー・キム・バーグ著／桐田弘江・玉真慎子・住谷祐子訳『解決のための面接技法―ソリューション・フォーカスト・アプローチの手引き〈第3版〉』金剛出版（Young, S.〔2007〕Solutions for bullying in primary schools, in P. De Jong & I. K. Berg, *Interviewing for Solutions : Third edition*.）

スー・ヤング著／黒沢幸子監訳（2012）『学校で活かす　いじめへの解決志向プログラム』金子書房（Young, S.〔2009〕*Solution-Focused Schools : Anti-Bullying and Beyond*.）

〈参考文献〉

相場幸子・龍島秀広編、解決のための面接研究会著（2006）『みんな元気になる対人援助のための面接法―解決志向アプローチへの招待』金剛出版

インスー・キム・バーグ、リー・シルツ著／ソリューション・ワーカーズ訳（2005）『教室での解決―うまくいっていることを見つけよう！』ソリューションランド（Berg, I. K. & Shilts, L〔2004〕*Classroom Solutions : WOWW Approach*.）

ベン・ファーマン著／バレイ友佳子訳（2013）『フィンランド式　叱らない子育て―自分で考える子どもになる5つのルール』ダイヤモンド社

春日井敏之・西山久子・森川澄男・栗原慎二・高野利雄編著（2011）『やってみよう！　ピア・サポート』ほんの森出版

黒沢幸子（2002）『指導援助に役立つスクールカウンセリング・ワークブック』金子書房

黒沢幸子（2008）『タイムマシン心理療法―未来・解決志向のブリーフセラピー』日本評論社

黒沢幸子（2009）「ブリーフセラピーで学校問題に対応しよう」『子どもの心と学校臨床』第1号、42-49

黒沢幸子（2012）「学校におけるブリーフセラピーの基本的考え方」『児童心理』第66巻、第3号、1-11

黒沢幸子編著（2012）『ワークシートでブリーフセラピー―学校ですぐ使える解決志向＆外在化の発想と技法』ほんの森出版

森俊夫・黒沢幸子（2002）『〈森・黒沢のワークショップで学ぶ〉解決志向ブリーフセラピー』ほんの森出版

森田洋司・滝充・秦政春・星野周弘・若井彌一編著（1999）『日本のいじめ―予防・対応に生かすデータ集』金子書房

森田洋司（2010）『いじめとは何か―教室の問題、社会の問題』中公新書

中野武房・森川澄男編（2009）「ピア・サポート」『現代のエスプリ』502号

日本ピア・サポート学会「トレーナー養成　標準プログラムテキストブック Version 2」

〈付記〉本書には、科研費JSPS課題番号：26285157（研究代表者：黒沢幸子）の助成研究による知見の一部が反映されています。

おわりに

　どのくらい前になるでしょうか……生徒指導困難校で養護教諭としての在り方を大いに問われたのは。
　いじめが原因で不登校になった子どもが保健室に登校します。
　「前みたいに、毎日学校に来たい…教室で勉強もしたい。でも、みんなが恐い。みんなの声が恐い。先生、助けて…」。そう言い残し二度と姿を見せなかったあの子。
　「クラスでいじめ問題が続いているのに何もできない自分が嫌だった…」。突然転校したあとに届いた声。
　「先生方は、どうせ私たちがいじめていると思っているんでしょ！　もう、いいよっ！」。泣きながら訴えたあの子どもたちの声が、非力だった私の耳に今も聞こえます。
　いじめや不登校等の問題に苦しむ子どもたちを抱える保護者、そして担任や関係教職員にも、養護教諭としてどう寄り添い、どう見守り、どう支援していくことが未来の子どもたちの輝く笑顔につなげることができるのか、必死で模索してきた数十年です。

　実は私の娘も、小学校でいじめに遭い、中学校ではクラスで起きているいじめ問題を先生にＳＯＳ発信したことで「チクり魔」と呼ばれ、再びいじめに遭います。いじめの傍観者がいじめを受ける側に転じてしまったのです。
　当時、良き母親を自負し、そんな我が子の苦悩など露知らず、娘がいじめの体験を話してくれたのは卒業後数年経過したころでした。私はやっとの思いで「そんな大変な状況のなか、どうやって毎日学校に行くことができていたの？」と聞くと、「たった一人、わかりあえる友だちがいたから頑張れたかな……」と答えてくれました。また、彼女はこうも言いました。「家は学校関係者、心配かけるし…先生って私たちのことわかっていないよ…。でも、話せる先生はいたかな…」。
　いじめている子もいじめを受けている子も、多くは誰にも言えずに心を閉ざし、耐え忍ぶことで対処しています。親や大人に詳細を尋ねられても、いじめられている事実を否定することも少なくないのでしょう。
　実際、子どもたちの人間関係やいじめなどの問題の多くは、私たち大人の目の届かないところで起き、親や大人は本当に何も知らないことが多くあることを実体験しました。「私が、何とか解決してあげよう！」と頑張れば頑張るほど、かえって事態を悪化させてしまったこともあったのかもしれません。その結果、子どもたちの世界がどうなっていくのか、私たち大人よりも

子どもたちがよく知っているのですね。大人だけで解決することの難しさ、無力さを、職務と実生活の両方で身をもって痛感した瞬間でした。

　娘が不登校に至らず、命を絶つこともなく、学校生活を最後まで送ることができたのは、友だちや話せる先生の存在が大きかったのでしょう。もちろん、他の多くの子どもたちにとってもそうだと思います。友だちの支えは、時として親や大人からの支援よりも数百倍の影響力をもち、私たちが考えている以上に、いじめや不登校を跳ね返すためのとてつもなく大きなパワーになるのだと思います。そして、誰も何も責めず静かに見守り、一歩後ろから未来へ導いてくれる大人の存在が、子どもたちにとって大切であることは言うまでもありません。

　すでに多くの先生方が「解決志向アプローチ」や「ピア・サポート」を実践していらっしゃることと思います。「サポートグループ・アプローチ」は、その２つを合体させたハイブリット・モデルです。本書は、どんなに忙しくても「やってみよう！」と思ったその時から、**いつでも、どこでも、誰にでも**、サッと開いてスイスイ進めることができるように配慮して書きました。子どもたちと大人たちが協働して、このシンプルで実践的な方法に取り組んでいただくことが私の願いです。

　Let's サポートグループ・アプローチ！　明日からさっそく実践してみてください。実践したその時から、必ず何かが変化します。その変化は希望と可能性のそよ風です。その風はきっと、子どもたちをはじめ皆さんやその周囲の人たちの追い風へと変わり、より輝く未来へと導くことでしょう。

　本書を閉じるにあたり、たくさんの先生方のご指導と温かい励ましをいただきました。深くお礼と感謝を申しあげます。
　そして、敬愛する黒沢幸子先生と一緒に本づくりができたことに、心から喜びを感じます。また、本書の執筆の機会を与えてくださったほんの森出版の小林敏史さん、この場をお借りして感謝申しあげます。

2015年5月　　　　　　　　　　　　　　　　　　　　　　　　　八幡　睦実

【著者紹介】

八幡 睦実（やはた むつみ）執筆担当：第1章、第2章、第3章、巻末ワークシート、図版

北海道小樽市立望洋台中学校養護教諭

北海道女子短期大学を卒業し、玉川大学文学部教育学科修了後、北海道教育大学旭川校にて学ぶ。日本ピア・サポート学会認定「ピア・サポート・コーディネーター」、スクールカウンセリング推進協議会認定「ガイダンスカウンセラー」、日本学校教育相談学会認定「学校カウンセラー」等々の資格を取得。上記学会や日本ブリーフサイコセラピー学会等に所属し、研究発表および講師活動に努める。子どもたちや保護者、先生方の輝く笑顔を求め、複雑な人間関係が絡むいじめや不登校等の問題に、養護教諭だからこそできる実践活動を保健室から展開中。

［おもな著書］

『ワークシートでブリーフセラピー―学校ですぐ使える解決志向＆外在化の発想と技法』（分担執筆）ほんの森出版、2012年

『いじめ防止教育DVD 思いやりが命を救う―いじめゼロを願って』（戸田芳雄監修、協力）映学社、2014年

黒沢 幸子（くろさわ さちこ）執筆担当：第1章

目白大学人間学部心理カウンセリング学科
同大学院心理学研究科臨床心理学専攻教授

上智大学卒業後、同大学院を修了（修士）。臨床心理士。スクールカウンセラーとして豊富なキャリアをもち、公立私立学校のスクールカウンセリングに精通する。子どもと大人、学校の力を活かし元気にするリソースフルな支援（研修、相談）を、解決志向ブリーフセラピーをバックボーンに開発・実践研究し、全国の先生方と協働し学び合いながら展開している。日本ブリーフサイコセラピー学会、日本コミュニティ心理学会、日本ピア・サポート学会では理事を務める。

［おもな著書］

『学校におけるブリーフセラピー』（宮田敬一編、分担執筆）金剛出版、1998年

『〈森・黒沢のワークショップで学ぶ〉解決志向ブリーフセラピー』ほんの森出版、2002年

『指導援助に役立つスクールカウンセリング・ワークブック』金子書房、2002年

『タイムマシン心理療法―未来・解決志向のブリーフセラピー』日本評論社、2008年

『学校で活かす いじめへの解決志向プログラム』（スー・ヤング著、監訳）金子書房、2012年

『ワークシートでブリーフセラピー―学校ですぐ使える解決志向＆外在化の発想と技法』（編著）ほんの森出版、2012年

『明解！ スクールカウンセリング―読んですっきり理解編』金子書房、2013年

サポートグループ・アプローチ 完全マニュアル
解決志向アプローチ＋ピア・サポートでいじめ・不登校を解決！

2015年7月7日　第1版　発行

著　者　八幡睦実・黒沢幸子
発行者　小林敏史
発行所　ほんの森出版株式会社
〒145-0062　東京都大田区北千束3-16-11
Tel 03-5754-3346　Fax 03-5918-8146
http://www.honnomori.co.jp

印刷・製本所　研友社印刷株式会社

© Mutsumi Yahata, Sachiko Kurosawa, 2015　Printed in Japan　ISBN978-4-938874-96-4 C3037